快速跟进 学习参考

调查研究

■ 杨玉成 王千阁 编

中共党史出版社

图书在版编目（CIP）数据

调查研究 / 杨玉成，王千阁编 . -- 北京：中共党
史出版社，2022.1（2023.4 重印）
（快·学习）
ISBN 978-7-5098-5449-5

Ⅰ.①调⋯ Ⅱ.①杨⋯②王⋯ Ⅲ.①调查研究—研
究方法—干部培训—学习参考资料 Ⅳ.① C31

中国版本图书馆 CIP 数据核字（2021）第 222336 号

启事： 本书选用部分作品尚未与有关作者、编者取得联系，
我们深感不安。恳请有关权利人联系我社，我们将按相关
规定支付稿酬。
（联系人：陈海平　电话：010—82517160）

出版发行：中共党史出版社
责任编辑： 王媛
责任校对： 申宁
责任印制： 段文超
社　　址：北京市海淀区芙蓉里南街 6 号院 1 号楼
邮　　编：100080
网　　址：www.dscbs.com
经　　销：新华书店
印　　刷：北京君升印刷有限公司
开　　本：680mm × 960mm　1/16
字　　数：136 千字
印　　张：11.5
印　　数：5001-8000 册
版　　次：2022 年 1 月第 1 版
印　　次：2023 年 4 月第 2 次印刷
　　　　　ISBN 978-7-5098-5449-5
定　　价：35.00 元

此书如有印制质量问题，请与中共党史出版社出版部联系
电话：010 — 82517197

　　调查研究是马克思、恩格斯、列宁等马克思主义经典作家认识世界、改造世界的重要方法，是中国共产党人的基本思想方法和工作方法，是中国共产党的优良传统和重要工作制度，也是各级领导干部做好领导工作的一项基本功。马克思主义世界观和方法论，党的实事求是的思想路线，党的从群众中来、到群众中去的根本工作路线，都要求我们党及领导干部做深入、系统、周密的调查研究。

　　毛泽东是第一代中国共产党人中注重和坚持调查研究的光辉典范，他不仅为我们留下了丰富的调查研究实践经验，而且对调查研究的价值、原则和方法等做出了许多独创性的理论阐述，为我们留下了极为宝贵的精神财富。毛泽东的"没有调查，没有发言权""调查就像'十月怀胎'，解决问题就像'一朝分娩'""不做正确的调查同样没有发言权""大兴调查研究之风"等论断或号召，早已成为我们党有关调查研究的脍炙人口的箴言。在毛泽东的带动和影响下，周恩来等党和国家领导人率先垂范，对如何搞好调查研究进行了许多重要探索，对于推动中国革命和建设事业作出了重要贡献。改革开放以来，邓小平、江泽民、胡锦涛、习近平等党和国家领导人高度重视发扬党的调查研究优良传统，做出许多重要论述和实践探索，对于推动改革开放和促进中国特色社会主义事业发挥了重要作用。

　　习近平是当代中国共产党人注重和坚持调查研究的光辉典范。他不仅在长期的领导实践和治国理政实践中，对于如何搞好调查研究做了许多有益的探索，积累了丰富的实践经验，而且还在深入理解和掌握党的调查研究理论和方法的基础上，结合自己的亲身实践经验，系统地、创造性地阐发了调查研究的含义、价值、原则、方法和制度化等重要理论问题。他从领导干部视角对调查研究含义做出创造性阐发，指出"调查研究，是对客观实际情况的调查了解和分析研究，目的是把事情的真相和全貌调查清楚，把问题的本质和规律把握准确，把解决问题的思路和对策研究透彻"。他对领导干部开展调查研究的意义作出系统阐发，指出调查研究是马克思主义认识论的基本要求，是中国共产党的优良传统，是谋事之基、成事之道，是领导干部密切联系群众的重要途径，是领导干部自我学习提高的重要途径，等等。他对领导干部开展调查研究的原则和方法做出系统阐述，强调调查研究要坚持问题导向，要坚持实事求是原则，要坚持群众路线，要"求深""求全""求效"，要"始终坚持"和"不断加强"，调查研究方法要与时俱进，等等。他对于领导干部如何搞好调查研究方面做出许多有价值的实践探索，在领导工作实践中始终坚持"调研开局、调研开路"，始终坚持重大决策"调研先行"，始终注意推动调查研究制度化经常化。综观习近平关于调查研究的创新性论述和实践探索可以发现，他关于调查研究的创造性阐发为丰富和发展党的调查研究理论和方法作出了重要贡献，他关于调查研究的实践探索对于各级领导干部搞好调查研究，具有重要的指导和示范意义。

党的十八大以来，习近平多次号召在全党大兴调查研究之风。为了促使广大干部提高对调查研究的理论认识，学习和掌握正确的调查研究方法，提高调查研究水平和成效，我们辑录了马克思主义经典作家和中国共产党人主要代表关于调查研究的经典论述、国内学界和党政机关政策研究人员的有关研究成果，编成《调查研究》一书，从经典论述、传统源流、一脉相承、率先垂范、当代思考和报告样本、红色遗址等多个视角较为系统地展示了调查研究的理论资源和实践运用，勾画了调查研究理论和实践的产生和演变过程，尤其是描绘了历代中国共产党人对调查研究的理论阐述和实践探索，希望对广大干部深刻领会调查研究的重大意义、学习和掌握调查研究的原则和方法有所助益，也希望对于在全党大兴调查研究之风尽绵薄之力。

杨玉成

2021 年 11 月

目 录

目录

目 录

一、经典论述

一个不了解社会现状的人，更不会了解力求推翻这个社会的运动和这个革命运动在文献上的表现。

——马克思：《致巴·瓦·安年柯夫》（1846 年 12 月）

至于俄国革命运动中的迫切问题和农民在其中所能起的作用，在我没有对整个问题从头重新研究一番，并用最新的材料补充我对此问题的实际情况的极贫乏的了解以前，在这些方面我是不能在报刊上问心无愧地发表自己的意见的。

——恩格斯：《致伊萨克·阿道夫维奇·古尔维奇》（1893 年 5 月）

我们需要的经济是指搜集、周密地考查和研究新生活实际建设的各种事实。

——列宁：《论我们报纸的性质》（1918 年 9 月）

没有调查，没有发言权。

——毛泽东：《反对本本主义》（1930 年 5 月）

调查就像"十月怀胎"，解决问题就像"一朝分娩"。

——毛泽东：《反对本本主义》（1930 年 5 月）

民主革命阶段，要进行调查研究，社会主义革命和社会主义建设阶段，还是要进行调查研究，一万年还是要进行调查研究工作。

——毛泽东：《在广州中央工作会议上的讲话》（1961 年 3 月 23 日）

离开群众经验和群众意见的调查研究，那末，任何天才的领导者也不可能进行正确的领导。

——邓小平：《关于修改党的章程的报告》（1956 年 9 月 16 日）

坚持做好调查研究这篇文章，是我们的谋事之基、成事之道。

——江泽民:《没有调查就没有决策权》(1993 年 7 月 5 日)

各级领导干部要深入基层、深入群众、深入实际，通过开展广泛深入的调查研究，切实提高思想认识水平，切实提高政策水平，切实提高工作水平，努力把构建社会主义和谐社会的各项工作落实好。

——胡锦涛:《加强调查和研究着力提高工作本领　把和谐社会建设各项工作落到实处》(2005 年 2 月 21 日)

调查研究不仅是一种工作方法，而且是关系党和人民事业得失成败的大问题。

——习近平:《谈谈调查研究》(2011 年 11 月 16 日)

现在的交通通信手段越来越发达，获取信息的渠道越来越多，但都不能代替领导干部亲力亲为的调查研究。

——习近平:《谈谈调查研究》(2011 年 11 月 16 日)

调查研究，是对客观实际情况的调查了解和分析研究，目的是把事情的真相和全貌调查清楚，把问题的本质和规律把握准确，把解决问题的思路和对策研究透彻。

——习近平:《谈谈调查研究》(2011 年 11 月 16 日)

二、传统源流

中国古代早期的社会调查 *

水延凯

中国是世界上社会调查历史最悠久的国家之一，也是世界上社会调查史料最丰富的国家之一。据古籍记载，中国古代早期的几种社会调查和关于社会调查的论述，很可能是中国乃至世界历史上关于社会调查的最早记载，现简述如下：

一、中国古代早期的山水调查

先秦古籍《山海经》是一部充满神话传说的古老奇书，全书18卷（"山经"5卷，"海经"8卷，"大荒经"4卷，"海内经"1卷），约31000字。其中，关于100多个邦国，550多座山，300多条水道，以及各邦国的地理、风土、物产、宗教、古史、医药、民俗、民族等方面的记述，如剔除其奇诡怪异、荒诞不经的内容，相当部分是真实、可靠的，特别是有关山水的坐落、走向等内容，实是华夏先祖在生产生活实践基础上长期进行山水调查的结晶。

先秦最富于科学性的著作《禹贡》，全文1194字，可分为7个部分：（一）"前言"12字，说明了全文主要内容：禹为区分疆土，在考察经过的山上插入砍削的木桩作为标记，测定高山大川

---

* 节选自《云梦学刊》2019年第1期，原题为《简述中国古代早期的调查研究》。

的状况。（二）"九州"679字，主要依据河流、山脉等自然分界，把所描述地区分为九州，并对各州的疆界、山川、湖泽、土壤（分为白壤、黑坟、白坟、赤埴坟、涂泥、坟垆、青黎、黄壤等类别）、税赋等级、土特产和进贡路线等作了描述。（三）"导山"87字。"导"有"开凿、治理"的意思，可能与大禹治水有关。它的叙述基本上反映了中国山脉大都由西向东延伸、西部集中、东部分散、西部多高山、东部多平原等地形特点。

◇秦帝国疆域示意图

（四）"导水"245字，按照先北后南、先上游后下游、先主流后支流的顺序，对九州向帝都运送贡赋所经过的九条河流的水源、流向、流经地、支流等作了描述，开创了中国水文地理的先河。（五）"攸同"55字，是对前三部分的小结。（六）"五服"90字，根据离帝都远近把当时的区域分为"五服"，即"甸服"（王畿）、"侯服"（诸侯领地）、"绥服"（已安抚平定地区）、"要服"（结盟的外族地区）和"荒服"（未开化地区）。（七）"结语"26字，以歌颂禹的功劳为总结。

对于《禹贡》的著作性质，历代学者有两种看法：一是从篇名看，认为它是贡赋之法。二是从内容看，认为它是地理文献。它记载了古代九州的疆界划分、山川的方位和脉络、土壤的种类和物产、水道走向、交通网络等等，而直接涉及贡赋的文字仅占约1/4。有学者甚至认为，它是"世界上最早的区域人文地理学著作"，"中国第一个奴隶制国家的国土综合整治开发建设总体规划"。我们认为，这两种看法都忽略了一个重要方面，即从《禹贡》的形成方法看，它实是许多部族首领和学者长期山水调查的

产物，是对古代劳动人民长期积累的土壤、物产知识和治理水土经验的总结。因此，对《禹贡》著作性质较全面的说法应该是：从主要目的看，它是"贡赋之法"；从主要内容看，它是"地理文献"；从形成方法看，它是山川调查报告。在上古极端落后的社会历史条件下，做如此宏观、深入的实地调查，在世界社会调查史上很可能是绝无仅有的。

此外，《禹贡》按土质优劣对九州田、赋进行了复合分组，即先按"等"分上、中、下三等；后在各等中再分上、中、下三级。这样，总级别为等数（3）与级数（3）的乘积（9）。《禹贡》中田、赋的复合分组，可列表如表1。

表1 《禹贡》按土质优劣复合分组表

分组		说明		
等级		组名	等级	总级别
上	上	上上	一等一级	一级
	中	上中	一等二级	二级
	下	上下	一等三级	三级
中	上	中上	二等一级	四级
	中	中中	二等二级	五级
	下	中下	二等三级	六级
下	上	下上	三等一级	七级
	中	下中	三等二级	八级
	下	下下	三等三级	九级

《禹贡》的复合分组法，在世界统计史上占有重要地位。18世纪中叶，法国传教士格毕（Gaubil，1689—1759）曾将《禹贡》译成法文。1770年，法文版《禹贡》在巴黎发表，在欧洲统计学者中引起了很大震动。他们认为，《禹贡》是东方最早的统计，统计

学的萌芽应该追溯到最早的东方文明古国——中国。

《史记·夏本纪》中有一段关于大禹治水的记载：禹接受舜帝治水命令后，一路翻山越岭，立木桩作为标志，测定高山大川的状况。禹为父亲鲧治水无功而受罚感到难过，就不顾劳累、苦苦思索，在外面生活了十三年，几次路过家门都没有进去。他节衣缩食，尽力孝敬鬼神；他居室简陋，把资财用于治理河川；他在陆地行走乘车，在水中行走乘船，在泥沼中行走乘木橇，在山地行走穿钉鞋；他左手拿准和绳，右手拿规和矩，还装载着测四时定方向的仪器，开发九州土地，疏导九条河道，修治九个大湖，测量九座大山；他一边行进，一边考察各地物产情况，根据各地物产情况规定向天子交纳的贡赋，并考察各地山川地形，以便弄清各诸侯国朝贡时交通是否方便。多么生动、具体的描述啊！它说明中国历史上最早的山水调查实是华夏先祖为生存、发展而斗争的必然产物。

二、中国古代早期的人口调查

据《通典卷第七·食货七》记载："禹平水土，为九州，人口千三百五十五万三千九百二十三。"这很可能是中国古籍上关于夏朝人口数的最早数据。

商朝有多少丁口？晋·皇甫谧在《帝王世纪》中说："殷因于夏，六百余载，其间损益，书册不存，无以考之。"然而，甲骨文中却有关于"登人"的记载："登帚好（族名）三千，登旅一万，呼伐羌。"这是说，征集了一万三千名登人去讨伐羌族。对于"登人"，历史上有两种解释：一是指已登记在版籍上的人；二是指成年人，即男女到一定年龄行过成年礼、登记在册的人。这两种解释都说明，当时的统治者曾对某些人口做过调查和登记。甲骨书契中,"册"("册"是象形字,意指编串好的竹简)字有 20 多处。《尚书·多士篇》说,"……惟殷先人有册有典范"("典"是会意字,由上"册"、下"大"组成,意指重要文献、典籍)。这些书简、册典,是商朝重大历史事件的记录,也是"登人"调查、登记的载体。

《周礼·秋官司寇》曰:"司民,掌登万民之数。自生齿以上皆书于版。辨其中国与其都鄙及其郊野,异其男女,岁登下其死生。及三年大比,以万民之数诏司寇。司寇及孟冬祀司民之日,献其数于王,王拜受之,登于天府。"这是说,司民负责登记民数,自生齿婴儿以上的人(这很可能是人口调查史上最古老的人口标准)都要载入版籍,辨明他们居住在都城、采邑或郊野,区分男女性别,每年登记死亡、出生人数。每三年做一次比较,把民数报告给司寇。司寇到冬月祭祀司民之日,献民数给国王,国王行拜礼后接受,收藏于天府。这段论述说明,西周非常重视人口调查和登记,并设立了掌管民数的官员——"司民"。《通典卷第七·食货七》曰:"周公相成王(公元前 1043 年至前 1021 年在位),致理刑措,人口千三百七十万四千九百二十三,此周之极盛也。"这说明,西周(公元前 1046 年至前 771 年)初年已进行过人口调查和登记。《史记·周本纪第四》曰:"宣王既亡南国之师,乃料民于太原。"这是说,周宣王三十九年(公元前 789 年)与姜戎战于千亩,大败。为补充兵力,周宣王在今甘肃镇原一带"料民",即进行人口调查(当时民数由司民掌握,并不进行一次性调查)。这很可能是中国历史上最早的人口调查之一,但这次调查的人口数未能留传下来。

春秋战国时期,诸侯国众多,各自为政,征战不止,死伤无数,不可能进行全面人口调查。秦统一中国后,大兴土木,横征暴敛,人口不增反减。汉初,"海内虚耗,户口减半","轻徭薄役,与民休息"(《汉书·昭帝纪》),人口逐渐恢复,至宣帝时国力达到极盛。

中国经济史学家梁方仲根据《汉书·地理志第八》对民户和口数的记载，整理出西汉各州户口情况如表2。

表2　西汉各州户口数、平均户口数及各州户口数的比重

州别	县数	户数	口数	每县平均户数	每户平均口数	户数占总计（%）	口数占总计（%）
总计	1577	12356470	57671401	7835.43	4.67	100.00	100.00
司隶	132	1519857	6682602	11514.07	4.40	12.30	11.59
豫州	102	1341866	6944353	13155.55	5.18	10.86	12.04
冀州	129	1133099	5177462	8783.71	4.57	9.17	8.98
兖州	115	1656478	7877431	14404.16	4.76	13.41	13.66
徐州	138	1150238	5241242	8334.91	4.56	9.31	9.08
青州	119	959815	4191341	8065.67	4.37	7.77	7.27
荆州	115	668597	3597258	5813.87	5.38	5.41	6.24
扬州	93	710821	3206213	7643.24	4.51	5.75	5.56
益州	128	1024159	4784214	8001.24	4.67	8.29	8.30
凉州	115	331260	1282013	2880.52	3.87	2.68	2.22
并州	90	450432	1926876	5004.80	4.28	3.65	3.34
幽州	162	880667	3714656	5436.22	4.22	7.13	6.44
朔方	84	313733	1673450	3734.92	5.33	2.53	2.90
交趾	55	215448	1372290	3917.24	6.37	1.74	2.38

资料来源：梁方仲编著：《中国历代人口、田地、田赋统计》第100页（正编第19页），北京，中华书局，2008。

说明：表中数据与上述《汉书·地理志第八》记载略有差异，但原文如此，只能如此表述。

上述户数和口数，为中国历史留下了第一个比较完整准确的户、口数记录，很可能也是世界上现存最古老、最完整、最精确的户、口调查记录。在两千多年前极其原始的条件下，对分布在103个郡国近6000万人口进行调查和登记，这在世界上很可能是绝无仅有的，堪称古代社会调查的典范。

有人口学者指出，上述人口数只是西汉统治区内编入户籍的人口数。除此以外，在西汉统治区外的中国版图内，还有许多少数民族人口没有编入户籍。据这些人口学者研究，中国版图内没有编入户籍的少数民族人口，"西汉末不会少于 500 万。因而在平帝元始二年，中国人口总量至少也有 6500 万"。

三、中国古代早期的国势调查

西周已设有国势调查机构与官职。西周夏官司马下设的职方氏，就是负责调查国势的职官。《周礼·夏官司马·职方氏》规定："职方氏掌天下之图，以掌天下之地，辨其邦国、都鄙、四夷、八蛮、七闽、九貉、五戎、六狄之人民，与其财用、九谷、六畜之数要，周知其利害。"这是说，职方氏的职责是通过调查掌管全国的地图和土地，分辨它们所属的邦国，所在的地域（京师与边地），其民众所属的民族（夷、蛮、闽、貉、戎、狄等各少数民族），以及民众所拥有的钱财与货物、九谷（通常指稷、秫、黍、稻、麻、大豆、小豆、大麦、小麦）、六畜（通常指猪、牛、羊、马、鸡、狗）等财产的数量，详细知晓他们的利害或得失。南宋史学家唐仲久根据《周礼·夏官司马·职方氏》记载的资料，在其所著《帝王经世图谱》中编制了《职方九州谱》，其内容如表 3。

《职方九州谱》的内容，不一定全面、准确，但是，它至少能说明曾进行过全国规模的国势调查。在当时极其原始、落后的条件下，这是非常了不起的。其中，男女人口性比例数，很可能是世界上最古老的性比例调查数据。

表3 《帝王经世图谱》中的职方九州谱

州名	州境	山镇	泽薮	川	浸	利	民	畜	谷
扬州	东南	会稽	具区	三江	五湖	金锡竹箭	五男二女	鸟兽	稻
荆州	正南	衡山	云梦	江汉	颍湛	丹银齿革	一男二女	鸟兽	稻
豫州	河南	华山	圃田	荥雒	波溠	林漆丝枲	二男三女	六扰	五种
青州	正东	沂山	望诸	淮泗	沂沭	蒲鱼	二男二女	鸡狗	稻麦
兖州	河东	岱山	大野	河沛	卢维	蒲鱼	二男三女	六扰	四种
雍州	正西	岳山	弦蒲	泾汭	渭洛	玉石	三男二女	牛马	黍稷
幽州	东北	医无闾	貕养	河沛	菑时	鱼盐	一男三女	四扰	三种
冀州	河内	霍山	昭馀祁	漳	汾潞	松柏	五男三女	牛羊	黍稷
并州	正北	恒山	昭馀	虖池呕夷	涞易	布帛	二男三女	五扰	五种

引者注:"州境",指州的境界或方位。"山镇",指当地最有名的山。"泽薮",指较大湖泊。"川",指河流。"浸",指可灌溉者。"利",指物产,其中:箭,指篠;齿,指象牙;枲,指麻。"民",指男女人口比。"畜",指动物,其中:四扰,指马、牛、羊、豕;五扰,指马、牛、羊、豕、犬;六扰,指马、牛、羊、豕、犬、鸡。"谷",指农作物,其中:三种,指黍、稷、稻;四种,指黍、稷、稻、麦;五种,指黍、稷、稻、麦、菽。

　　与国势调查不同,"华夏第一相"管仲(约公元前723—前645年)根据长期治国理政经验,开展了国情研究。《管子·八观》曰:"行其田野,视其耕芸,计其农事,而饥饱之国可以知也"(巡视一个国家的田野,观看它的耕耘,计算它的农业生产,就可知道这个国家的饥饱了);"行其山泽,观其桑麻,计其六畜之产,而贫富之国可知也"(巡视一个国家的山林湖泽,观看它的桑麻生产,计算它的六畜产量,就可知道这个国家的贫富了);"入国邑,视宫室,观车马衣服,而侈俭之国可知也"(进入一个国家的都城,视察它的宫室,观看使用的车马和穿的衣服,就可知道这个国家的奢侈或勤俭了);"课凶饥,计师役,观台榭,量国费,而实虚之国可知也"(考察灾年饥馑状况,计算军队和劳役人数,观察楼台亭阁的修建,度量国家收支,就可知道这个国家的虚实了);

"入州里，观习俗，听民之所以化其上，而治乱之国可知也"（进入一个国家的地方和基层，观察那里的风俗习惯，了解那里民众怎样对待上面的教化，就可知道这个国家的治乱了）；"入朝庭，观左右，求本朝之臣，论上下之所贵贱者，而强弱之国可知也"（进入一个国家的朝庭，观察君主的左右，研究该朝的官员，看上下官员重视什么、轻视什么，就可知道这个国家的强弱了）；"置法出令，临众用民，计其威严宽惠行于其民与不行于其民，而兴灭之国可知也"（根据设置法律、颁布法令，以及治理民众、役使百姓的情况，考察它的刑赏政策哪些能贯彻执行到民众中去，哪些无法贯彻执行到民众中去，就可知道这个国家的兴灭了）；"计敌与，量上意，察国本，观民产之所有余不足，而存亡之国可知也"（计算一个国家的敌国和盟国，估量君主的意图，察考它的农业状况，观察民众财产的有余和不足，就可知道这个国家的存亡了）；"故以此八者，观人主之国，而人主毋所匿其情矣"（从这八个方面观察一个君主治理的国家，这个君主就无法掩盖它的真实情况了）。

"八观"的内容十分全面：它涉及一个国家的经济、政治、军事、文化、社会，朝庭、州里与间闾，君主、臣子与百姓，都邑、田野与山泽，置法、出令与行止，习俗、教化与管理，以及国内和国外、敌国与盟国等各个方面。早在 2600 多年前，为了研究、判断一个国家的基本国情，提出如此全面、系统、深入的调研纲要，这在世界上很可能是绝无仅有的。

"八观"的方法切实可行：它采用行（考察）、视（探视）、计（算）、观（观看）、入（参入）、课（考核）、量（度）、听（听取）、求（探求）、察（察核）等方法了解情况；然后，在调查基础上，对一个国家的基本国情做出判断，完全符合从感性到理性的认识规律。这些方法，简单、直观、可靠，具有很强的可操作性。在当时的社会历史条件下，是完全切实可行的。

"八观"的意义广泛深刻：它既是调查、研究一个国家基本国情（饥饱、贫富、侈俭、虚实、治乱、强弱、兴灭、存亡）的纲领，又是对此前各个朝代、各个诸侯国治国理政经验教训的概括和总结，更是对如何治国、理政、富民、强军提出的八项基本要求。"八观"的基本纲要和思想，如果更换为现代相应的内容，那么对现今的国情调查研究和治国理政实践仍然具有借鉴意义。

四、中国古代早期的田亩调查

春秋（公元前 770—前 475 年）后期，随着人口增加，牛耕和铁农具普及，生产力水平提高，"井田"外的荒地得到开垦；奴隶主贵族通过巧取豪夺、相互劫掠等途径把大量土地转为私有，致使"私田"数量急剧扩张。此外，当时战争频仍，各诸侯国军费大增，财政十分紧张。为了适应土地私有制的历史潮流，同时开辟新财源，鲁宣公十五年（公元前 594 年）实行"初税亩"（《春秋左传·宣公十五年》），即无论私田公田一律按田地亩数征税。这样，就以法律形式承认了土地私有，朝廷不再凭借土地所有者身份收取地租，而是凭借国家统治者身份按田亩数量强制性征税。鲁国实行"初税亩"取得了预期效果，财政收入大幅增加，诸侯列国纷纷仿效。事实证明，"初税亩"的出现，标志着土地私有的合法化和中国古代"履亩而税"税收制度的形成。而土地私有合法化和"履亩而税"税收制度的形成，正是古代田亩调查的真正起源。

春秋后期的楚国、鲁国、郑国都进行过田亩、田赋调查。其中，楚国的调查规模相当大，记载也较详细。据《春秋左传·鲁襄公二十五年》（公元前 548 年）记载："楚蒍掩为司马，子木使庀赋，数甲兵。甲午，蒍掩书土田，度山林，鸠薮泽，辨京陵，表淳卤，数疆潦，规偃猪，町原防，牧隰皋，井衍沃，量入修赋。

赋车籍马，赋车兵、徒卒、甲楯之数。既成，以授子木，礼也。"这是说，楚大夫蒍掩做了司马，楚贵族子木让他管理兵器和赋税。蒍掩在芒种至小暑期间，登记田亩，度山林，估水泽，辨高地，表盐碱地，数易涝地，规划积水堰池，分割堤防边的小块地，在沼泽中勘牧场，在沃地上划井田，根据收入来确定赋税——战车和马匹，车上甲兵、车下步兵、盔甲盾牌的数量。这些量度完成后，就交给子木，这是合乎规定的。这段记载中所说的"度"（度量、估计）、"鸠"（通"究"，计算）、"辨"（分辨、辨别）、"表"（显示、表达）、"数"（查点数目、计算）、"规"（谋划、规范）、町（古代地积单位名称，有分割之意）、"牧"（放牧、治理、勘查）、"井"（整齐、条理）、"量"（量度、计算）、"修"（修理、编写）等，都是指田亩、田赋调查所使用的方法。此外，《春秋左传·鲁哀公十二年》（公元前483年）记载的"用田赋"（"田"是指按田地数量征收的田租；"赋"是由军赋代金转变成的人头税，叫口赋），也是先调查民户、人口和占有田亩及其收入的数量，然后据以征收田和赋。这些记载说明，春秋后期为征收税赋而进行人口、田亩、田赋调查，在各诸侯国已相当普遍了。

五、《尚书·洪范》关于社会调查的论述

中国是社会调查历史最悠久的国家，也是社会调查思想最睿智的国家。在浩如烟海的中国社会调查史料中，有一则史料深藏于《尚书·洪范》之中，它实是关于"社会调查"最古老、最全面、最简明的论述。

殷商末年，有"殷末三仁"（《论语·微子》）之称的纣王长兄微子出走，叔父比干被杀，叔父箕子被囚。纣王兵败自焚、商朝覆灭之际，箕子逃往箕山，一方面占卜观测天象，另一方面总结

殷商亡国教训。武王灭商建周后，百废待兴，求贤若渴，亲赴箕山向箕子求教。箕子见武王一片真诚，便将夏禹传下来的《洪范九畴》陈述给武王。所谓"洪"，本意大水，这里指大；"范"，模子，榜样，这里指法；"畴"，耕地、类别，这里指类。所谓"洪范九畴"，就是九类大法。

《洪范九畴》实际上是夏、商两朝千余年统治阶级治国安民的经验总结。

《洪范九畴》第二条强调"敬用五事"，即恭敬地做好五件事："一曰貌，二曰言，三曰视，四曰听，五曰思。貌曰恭，言曰从，视曰明，听曰聪，思曰睿。恭作肃，从作义，明作哲，聪作谋，睿作圣。"这是说，一曰貌，指容貌、态度；"貌曰恭"，指恭敬对待调查工作和被调查者；"恭作肃"，态度恭敬、严肃，调查就会认真，被调查者就会严肃回答问题。二曰言，指语言；"言曰从"，指语言要顺从，要顺从民情、民意、民俗，合乎道理；"从作义"，语言顺从、合乎道理，才能得到真实的回答。三曰视，指观察；"视曰明"，指观察要清楚明白，深入细致；"明作哲"，只有观察清楚明白、深入细致，才能获得知识和智慧，才不会受蒙蔽。四曰听，指听闻；"听曰聪"，指听闻要聪敏，要明辨真假和是非；"聪作谋"，听闻聪敏，能明辨真假和是非，才能善于谋划、出主意。五曰思，指思考；"思曰睿"，指思考问题要通达、明智和深邃；"睿作圣"，思考通达、明智和深邃，才能无事不通，精益求精。显然，《洪范九畴》的"敬用五事"，实际上是对社会调查主要内容、主要过程、主要方法的论述和概括。

《洪范九畴》是夏、商两朝精英管理国家、统治臣民经验的结晶。从社会调查视角看，它有两个方面的非凡智慧：

第一，"貌、言、视、听、思"，对"社会调查"作了最古老、最全面、最简明的概括。它形成于3000多年前，是迄今所发现的关于社会调查的最古老的论述。它既论述了社会调查态度，又论述了社会调查方法；既论述了调查方法，又论述了研究方法，还论述了社会调查的过程和要求，是中国古代关于社会调查最全面的论述。它仅仅五个字，就概括了有关社会调查态度、方法、过程和要求的主要内容，是迄今所发现的关于社会调查的最简明的论述。

第二，"貌、言、视、听、思"在《洪范九畴》中的地位十分突出。《洪范九畴》把它放置在论述构成宇宙万物的五类物质及其特性的第一条后面，论述管理国家政务、建立专制制度、确立行为准则、探寻统治方法的第三至九条的前面。这说明，早在3000多年前，商、周两朝精英已把社会调查看作是治国安邦的第二大法宝。《洪范九畴》把"貌、言、视、听、思"放置在如此突出的地位，既说明了华夏先祖的高度智慧，又说明了社会调查的极端重要。

上述社会调查史实至少能说明以下三点：

（一）中国古代的社会调查产生于4000多年前的夏王朝时期，它是华夏先祖与洪水等灾害作斗争和为治国理政而努力的产物。

（二）中国古代社会调查的内容和范围，随着经济、政治、社会发展而逐渐扩展，其历史顺序大体是山水调查——人口调查——国势调查——田亩调查。

（三）《洪范九畴》关于"貌、言、视、听、思"的论述说明，早在3000多年前商、周两朝的精英，已把社会调查看作是治国安邦的一大法宝。

（作者为中共孝感市委党校教授、华中师范大学社会学院兼职教授）

中国古代各类调查研究举要 [*]

《调查研究小全书》编写组

采风——西周的调查研究制度

中国古代形成制度的调查研究，首推西周的"采风"制度。所谓采风，就是周王朝通过天子巡守、专人调查和逐级上报等多种方式来了解民风民情民意。

1. 采风的目的

采风目的之一是"观俗"。周王朝实行以礼治国的方针，礼就是制度的意思。如何来制定和完善这种制度呢？周统治者认为应"礼俗以驭其民"（《周礼》），这里的"俗"就是老百姓的生活习俗。《礼记·王制》说："凡民居材，必因天地寒暖燥湿，广谷大川异制，民生其问者异俗，刚柔轻重迟速异齐……"也就是说，因地域广大各地民俗有很大差异，因时间推移民俗也会发生改变，制定国家的"礼法"，就要适应这种差别和变化，"修其教不易其俗，齐其政不易其宜"，亦即根据不同的习俗施行相应的政令，以使生民安居乐业。周王朝建立采风制度的直接目的就是给王室提供调整"驭民"政策的信息和依据。

---

* 节选自《调查研究小全书》。

采风目的之二是"观政"。周初统治者吸取殷商灭亡的教训，轻鬼神、重人治，改"以神为本"为"以民为本"。他们认为"弗永远念天威，越我民；罔尤违，惟人在……天不可信"（《尚书》），天意就在民情中，民心向背可以决定天命之去向。要重视人治，就需要掌握民情，进行调查研究。采风之制的设立，其目的之一就是让统治者"不出牖户而知天下"，从中"观风俗，知得失，自考正也"（《汉书·艺文志》），也就是说通过调查研究能够了解民众对国家政治制度的批评意见，发现国家管理中的过失，以便及时进行调整。

2. 采风制度的具体内容

一是最高统治者定期深入民间搞调研，《礼记·王制》载："天子五年一巡守"，"岁二月，东巡守……命太师陈诗，以观民风。命市纳贾，以观民之所好恶：……五月，南巡守……八月，西巡守……十有一月，北巡守"。虽然五年搞一次调研未免太少，但巡狩的地域很广，时间延续很长，内容也很丰富。

二是建立专门的"采风"队伍，犹如今天的专职"调研员"。朝廷指定的采风官员叫"行人"，有"大行人""小行人"及其下属"行夫"若干，说明这支调研队伍人数不少。由于行人巡行时必乘轺轩（一种快速轻车），所以又称他们为"轺轩之使"。轺轩使者深入民间，"巡游万国，采览异言，车轨之所交，人迹之所蹈，靡不毕载"（郭璞《方言序》），径自从民间获取原始的、鲜活的风俗民情资料。另外西周还从民间年长者中遴选基层采风人员，据何休《春秋公羊传解诂》宣公十五年载，"男年六十，女年五十无子者，官衣食之，使之民间采诗"。

三是建立定期采风并逐级上报调研材料制度。据《汉书·食货志》："孟春二月，群居者将散，行人振木铎循于路以采诗。"这是说孟春二月是行人例行的采风时间，他们采风所得，首先上报给周王室主管调查工作的"太师",由太师处理后"以闻于天子"。而那些基层采风人员,须将采风所得经由"乡移于邑,邑移于国,国以闻于天子"(《春秋公羊传解诂》宣公十五年)。

3. 采风的意义和影响

西周采风作为一种制度化的调查研究,其调查范围几乎遍及周王朝的整个统治区域,其时间从西周初年一直延续到东周前期。周天子正是凭借采风所得,来了解各诸侯国的风俗民情、政治臧否,然后赏功罚罪,安邦理国。许多学者论证,在中国文学史上占有重要地位的《诗经》,正是孔子根据西周采风留下的档案资料整理而成的,其来源和主要内容都说明,《诗经》乃是一部社会调查材料的汇编。周天子通过各地采集来的民歌了解各诸侯国和地方官员政绩,至今我们仍能从中看到周代各地社会生活的真实图景。

采风的主要责任官员"行人"就是古代的调查员,采风所得就是古代的调查材料。无论从其规模之大,内容之广、时间之久来看,采风都可以说是我国古代秘书工作中的一个创举。

古代行政管理与调研

古代杰出的政治家非常重视调查研究。如相传为春秋时期管仲所作的《管子·问篇》就是专讲调查研究的。它开篇提出"凡立朝廷,问有本纪",接着一口气提出了60多个要进行调查的问题,涉及经济、政治等社会生活的各个方面,有人说它是"世所罕见的最古老、最全面的社会调查提纲"。再如战国时期的秦国改革家商鞅,特别重视做定量调研。《商君书·去强篇》说:"强国知十三数:境内仓廪之数,壮男壮女之数,老弱之数,官、士之数,

以言说取食者之数，利民（靠谋利为生的商人）之数，马、牛刍稾（饲料）之数。不知国十三数，地虽利，民虽众，国愈弱至削。"可见商鞅把准确的统计数据作为富国强兵的必要条件，而要"知"这么多的基本数据，就必须进行全面的调查研究。

古代军事指挥与调研

调查研究在军事中的作用不需要强调，因为战略分析和战术侦察都属于广义的调查研究。《孙子兵法》中"知彼知己，百战不殆"已成名言成语。在古代记录战争的史籍中，关于调查研究的记录比比皆是。以人们所熟悉的赤壁之战为例，曹操下书于孙权曰"今治水军八十万众，方与将军会猎于吴"，孙权手下"莫不失色"，要求投降。独周瑜对孙权说：（这些人）"不复料其虚实，便开此议，甚无谓也。今以实较之，彼所将中国人不过十五六万，且已久疲……甚未足畏。"显然周瑜对曹军的实际情况进行过认真的调查研究，所以有必胜的信心。后来周瑜、诸葛亮这两位善于通过调查研究而"知彼知己"的统帅指挥孙刘联军以少胜多打败曹军，也就在情理之中了。

古代侦查办案与调研

古代法制不健全，审理案件注重口供，刑讯是常用的审讯手段，屈打成招造成的冤假错案不可计数。但也出现少数注重证据、断案公平的"青天"，如唐代狄仁杰、宋代包拯、明代海瑞等。如果细考他们的事迹，就会发现他们之所以在破案断狱中很少失误，除了自身的公正清廉外，轻口供、重证据，重视通过亲自调查研究获取第一手证据，乃是他们办案的共同特征。

古代皇帝的巡视和微服私访

最高统治者亲自到各地巡视，也是一种重要的调研形式。巡视兼有督察官员的作用，但更主要的目的是了解下情。

古代有作为的帝王都比较重视亲自进行调查研究。秦始皇、汉武帝、唐太宗、武则天、明太祖以及清代的康熙、乾隆，都曾经多次离开京城到各地进行巡视，秦始皇统一中国后的 12 年中，进行了 5 次大规模巡视，几乎跑遍了秦国的所有国土，有人估计秦始皇有一半以上的时间是在巡视中度过的。而一些昏庸无能的统治者，则很少走出京城，如三国时蜀国的后主阿斗当了 40 年皇帝，基本上没有出过皇宫。

近代以来西方社会学家的调查研究 [*]

顾介康

从人类认识发展史的角度看，调查研究古已有之。凡是历史上有成就的政治家、科学家、文学家，都是比较注重调查研究的，但这只是一种个人的认识行为，没有固定的方法，更没有在调查研究上形成理论。

对社会情况进行有目的、有计划的调查研究，是由西方资产阶级社会学家开始的。18 世纪 60 年代开始的资产阶级革命，一方面使西方资本主义社会生产力得到迅猛的发展；另一方面也使社会矛盾日益突出，农民破产、工人失业、贫困、犯罪和道德败坏等问题大量涌现并严重发展。在这种情况下，迫使资产阶级不得不从理论和实践上去寻找医治资本主义百病的良方，于是以改良社会、维护资本主义制度为宗旨的西方社会学在 19 世纪 40 年代产生了，经常的、大规模的社会调查工作也随之出现了。这种社会调查最早起源于英国。英国布商约翰·格朗特是第一个对伦敦人口、社会状况进行系统的定量分析的人。

在欧洲最早用系统方法对社会问题作调查研究的是英国的监狱改良家霍华特（1726—1790）。霍华特长期参与监狱的犯人生活，直接对囚犯进行调查，搜集资料，并将监狱中的恶劣环境和囚犯患病原因与人数加以记录统计，向英国下议院提出了监狱改

---

* 节选自顾介康：《调查研究知行录》，题目为编者所加。

良方案，1774年英国议院据此作出了一项法令。1775年霍华特又对欧洲一些国家的监狱情况作了比较研究，于1777年出版了《英国与韦尔斯的监狱状况及外国监狱的观察报告》。1789年他根据自己在威尼斯检疫所的观察，出版了《欧洲主要检疫所之报告》，促进了检疫工作的改善。霍华特为社会调查奔走了一生，当他晚年去俄国进行考察时，因患热病不幸死在途中的船上。

19世纪中叶，法国社会革新家黎伯莱（1806—1882）在调查研究中总结了一套新的社会调查方法，来考察工人生活及家庭情况，并用数学方法和其他有关的自然科学方法，对搜集得到的材料进行分类、整理。从1835年起，他经过20年的实地调查，完成了六卷本《欧洲劳工》的巨著，为欧洲各国进行社会改革提供了资料，在国际上也产生了一定的影响。

从19世纪80年代开始，英国社会学家和统计学家布思（1840—1916）对英国伦敦劳工贫困问题进行庞大的统计调查。他组织力量，应用分区按户调查和选择调查的方法，还住到工人家庭中体验生活，搜集材料，最后写出了17卷之多的《伦敦居民的生活和劳动》一书，并于1889—1891年陆续出版。他的研究成果被认为是社会学史上的社区生活研究的典型，并推动了英国社会调查的发展。布思的成就和对社会调查所作的贡献，使他和霍华特、黎伯莱一起被列为近代西方社会调查的先驱。

美国从事社会调查研究最早的是社会学家贝力博士，他调查了有关美国的生活、生产及农村风俗习惯等问题，于1890年出版了一部农村调查报告，这是西方社会学工作者将调查对象由城市工人扩大到农村农民的一个良好开端。此后，美国的社会学家曾以贫民生活为课题，进行了多次社会调查。例如，社会学家贾谷里斯1892年出版了《向贫民窟作战》、1895年出版了关于芝加哥的《贫民生活》的调查报告、1898年出版了《城市荒野》、1901年出版了《芝加哥公共住宅状况报告》等专著，从不同的角度反映了当时美国社会中工人阶级的悲惨遭遇和痛苦生活。在 20 世纪初，美国政府组织了两次著名的社会调查。一次是 1907 年由美国罗素基金会支持、由社会学家凯洛格主持的"匹茨堡调查"，对美国钢铁生产的中心城市匹茨堡的工厂生产、工人生活以及与工人有关的公共卫生、工人住宅、地方税收制度、学校教育、犯罪与刑罚、工人娱乐等情况进行了大型的社会调查，并于 1914 年出版了六卷本的调查报告，在美国社会产生了极大的影响。另一次是在 1914 年由伊利诺州青田市各界人士发起的、罗素基金会调查部主任哈里逊主持的"青田调查"，组织了 900 人志愿参加的调查队伍，对青田市进行了比较全面的调查研究。这两次调查，大大推动了美国的都市调查和乡村调查，使其成为研究都市问题和乡村问题的一种确定的方法。

英国、法国、美国等西方社会学家们在社会调查中积累起来的调查方法和资料分析方法，很值得我们借鉴。特别是第二次世界大战以后，由于世界格局的变化，科学技术的发展，电子计算机在调查研究中的应用，西方资本主义国家的社会调查进入了一个新的发展阶段，其调查方法与研究技术的现代化、科学化，更值得我们认真学习和研究。

三、一脉相承

马克思关于调查研究的开篇之作[*]
——重温《摩泽尔记者的辩护》

陈安杰

◇马克思

《摩泽尔记者的辩护》发表在1843年1月出版的《莱茵报》上，它是马克思在担任《莱茵报》主编的第二年发表的文章。马克思写此文的目的是对莱茵省总督冯·沙培尔对《莱茵报》上记者发表的两篇文章提出无理指责并要求报刊作出解释的回应。马克思以摩泽尔记者的名义，在仔细分析了各种材料，对摩泽尔河沿岸地区居民生活状况进行深入调查研究的基础上，以极其详尽的事实和无可辩驳的论证对总督的指责以未署名的形式作出了客观的答复，从而揭露了摩泽尔河沿岸地区政府脱离人民的管理机构的"官僚本质"。这篇文章也被认为是马克思关于调查研究的开篇之作，表明了马克思在青年时代就逐步确立起为受苦难的下层民众代言的鲜明立场。

---

* 选自《学习时报》2020年5月13日。

受到莱茵省总督的非难

1842 年 12 月，《莱茵报》记者彼·科布伦茨在《莱茵报》第 346 号和 348 号登载了《摩泽尔河沿岸地区居民关注新闻界的下一步行动》和《关于乡镇财产必须退还》的两篇文章。文章表达的观点，一篇是谈摩泽尔河沿岸地区的柴荒问题；另一篇是谈摩泽尔河沿岸地区的居民特别关注 1841 年 12 月 24 日的王室内阁指令以及报刊在该指令的推动下所采取的比较自由的行动。两篇文章相比，第二篇言辞更为犀利，是对摩泽尔河沿岸地区葡萄种植者向当地政府发出求助的强烈呼声。记者只是在忠实地报道他所听到的人民呼声，但哪怕"用最优美、最谦恭的方式"来表达"在贫困中产生的民众语言"，都被官方认为是不真实的，甚至把葡萄种植者的无奈求助看作无理取闹。

时任莱茵省总督的冯·沙培尔看到《莱茵报》上刊登的这两篇文章极为不满，认为挫败了政府的威信。于是在《莱茵报》第 352 号上专门刊登文章，并在文章中以莱茵省最高行政长官的口吻作出指示，向该报主编提出了一系列问题并要求尽快作出答复。当时任《莱茵报》主编的正是 24 岁的马克思。1842 年，马克思便开始为《莱茵报》撰稿并成为该报主编，他发表了多篇抨击普鲁士封建专制统治的文章，受到当局的记恨。由于沙培尔指责记者在《莱茵报》上撰写的文章失实，马克思作为主编必须作出回应。

莱茵省地方政府一直以来对摩泽尔河沿岸地区葡萄种植者普遍贫困的事实归咎于种植者自身，致使葡萄从业者对这种官僚主义的做法极为反感。然而，官方却把葡萄种植者对普遍贫困求助的呼声看作是无理取闹。马克思针对同一事实所出现的两种截然相反描述的原因进行了分析。

马克思认为，在普鲁士专制统治下，社会管理体系总是以地方政府的旗号为官僚阶层服务，摩泽尔河地区葡萄种植者的普遍贫困成为官僚阶层眼中的假问题，其要害在于官僚阶层把自身的利益上升为政府利益，并以政府力量对抗葡萄种植者。官僚阶层的这种偏见认知如果不消弭，贫苦农民要想改善生存状况就变得异常艰难。

马克思并没有对莱茵省总督沙培尔的"指示"作出立即的答复，其原因就在于马克思想花费一些时间尽可能地掌握详尽的材料。

深入调研收集辩护材料

占有事实的最好办法就是开展调查研究，马克思通过深入调查研究对总督的非难作出了回应。马克思在对"特里尔乡区和城区以及萨尔堡区的葡萄园收入数据"查阅中发现，官方发言人和协会理事会之间在计算支出的问题上存在着明显的分歧。比如，"葡萄园主实行修剪侧枝和松土这些作业"是要算到葡萄园收入成本中去的，而地政局的局长却说"这是不符合事实的"。

葡萄种植者为了使自己不致彻底破产，必须试用一切办法来提高葡萄的质量。按照一般人的理解，人们应当以关心的态度去鼓励这种精神，但令人匪夷所思的是，当局却"对它加以压制"。

马克思发现，在摩泽尔河沿岸地区的葡萄种植者，"无论是谨慎的还是轻率的，勤勉的还是懒散的，殷实的还是贫寒的"，都面临着这种"骇人听闻的贫困状况"，他们甚至已经到了无力养活自己的地步了，但官方却说他们在"通过夸大其词的描述，借此为自己求得种种照顾和优待"。

马克思还查阅到摩泽尔河沿岸地区某乡镇委员会的会议记录，

用坦率的语言这样写道："摩泽尔河沿岸地区，从特里尔到科布伦茨，从艾费尔高原到洪斯吕克山，在物质上都非常贫困，因为这个地区的居民专靠种植葡萄为生，而由于同德意志签订了通商条约，这个行业已遭到了致命的打击；这个地区在精神上也是贫困的……"

针对总督要求马克思拿出关于摩泽尔河沿岸地区居民贫困状况的事例，马克思指出，决不能把摩泽尔河沿岸地区的贫困状况仅仅看成是一种简单的状况。至少要分清私人状况和国家状况。因为"不能认为摩泽尔河沿岸地区的贫困状况和国家管理机构无关，正如不能认为摩泽尔河沿岸地区位于国境之外一样"。只有分清了这两种状况之间的关系，才能正确理解摩泽尔河沿岸地区的现实状况。

马克思列举了 1838 年一位高级行政官员巡视摩泽尔河沿岸地区的事例。他在询问当地一位县长关于葡萄种植者的财产状况时，得到的答复竟然是："葡萄种植者过着挥霍无度的生活。仅就这一点来看，他们的情况也不可能是坏的。"马克思调查还发现，《法兰克福报》第 349 号上登载的一篇评论，甚至荒唐地声称"摩泽尔河沿岸地区种植葡萄的农民的贫困状况是虚构的"。

对此，马克思认为，摩泽尔河沿岸地区的贫困状况同时也就是管理工作的贫困状况。国家中某一地区的经常性的贫困状况，体现了现实和管理原则之间的矛盾。管理机构由于自己的官僚本质，不可能在管理工作范围内，而只能在处于管理工作范围之外的自然的和市民私人的范围内发现造成贫困的各种原因。

维护广大贫苦农民利益

显而易见，管理机构在消除摩泽尔河沿岸地区葡萄种植者贫困状况时所采取了一些不切实际的措施，这些措施明显"超出了它自己的职权范围"，并莫名其妙地劝告摩泽尔河沿岸地区的居民把自己的生活安排得适合于目前的管理制度，还理直气壮地说"在这种制度下他们是可以勉强度日的"。马克思在调研中了解到，这些葡萄种植者知道了这些建议后，使他们"深感痛心"，认为"这种建议是企图使他们除了忍受物质上的贫困之外，还要忍受法律上的贫困"。

针对摩泽尔河沿岸地区的利益纠葛，马克思在充分调查研究的基础上得出的结论是：摩泽尔河沿岸地区葡萄种植者的悲惨状况长期受上级机关怀疑，他们求助的呼声被看作无理取闹。马克思确信，"这一论断至少不能认为是无稽之谈或欺人之谈"。马克思通过调查研究揭示了摩泽尔河沿岸地区政府官员傲慢、偏执的态度和对法律的无视，以及自私自利的种种行径。

马克思由关注摩泽尔河沿岸地区贫苦的葡萄种植者，进而为改善下层民众的生活状况进行调查研究和法律论证，再到对造成贫苦原因的国家行政管理层面的追问，所体现的正是对贫苦农民的关怀，并把这种关怀归结到法律和政治管理的层面。与此同时，他敢于控诉官僚特权对劳苦大众的欺压与剥削，反映出他对下层民众的道德同情和道义支持，这同马克思逐步确立的无产阶级的政治立场，全人类彻底解放的价值目标是相互印证和一以贯之的。

（作者为中共松江区委党校（行政学院）副教授、华东师范大学俞秀松研究中心研究员）

社会调查科学方法体系的创立
——读恩格斯《英国工人阶级状况》*

孟飞　朱秉贤

　　《英国工人阶级状况》是第一部运用马克思主义社会调查方法分析社会问题的专著，是"把马克思主义方法应用于社会具体研究的第一次巨大尝试"，具有珍贵的文献价值。

◇恩格斯

　　1842 年 11 月至 1844 年 8 月，恩格斯在父亲的要求下，前往英国的曼彻斯特经商。在英国，他既见证了产业革命带来的工业进步和商业繁荣，也目睹了资本主义制度下工人极端贫困的生存境遇。为了剖析资本主义工业发展的历史性影响、给社会主义理论"提供坚实基础"，恩格斯用 21 个月的时间，对英国工人的物质和精神生活进行了全面考察，并于 1845 年回国后完成《英国工人阶级状况》。在这本著作中，恩格斯初步阐释了历史唯物主义基本原理，并将其与社会

* 　选自《学习时报》2020 年 11 月 18 日。

科学调查方法相结合，构建起了一套以历史唯物主义为指导，以田野调查和文献采集为主要研究方法的科学方法体系。马克思主义社会调查方法不仅实现了对经典实证主义模型的超越，而且为社会科学研究提供了新的理论范式。

历史唯物主义是马克思主义社会调查方法的根本遵循

用唯物史观指导社会调查实践，是马克思主义社会调查方法区别于其他研究方法的根本特征。19 世纪 30 年代，孔德创立"实证主义社会学"，马克思和恩格斯坚定地批判这种研究倾向，他们认为，立场问题在社会科学研究中至关重要，资产阶级学者忽视研究主体的阶级属性，实际上是企图用改良主义观点淡化社会矛盾、为资本主义制度辩护。马克思主义社会调查方法坚持无产阶级立场，强调从历史唯物主义视角出发分析社会矛盾，并提出相应的解决方案。在《英国工人阶级状况》中，恩格斯深耕阶级分析法，在剖析英国社会尖锐的阶级冲突后，一针见血地指出，"工人阶级的状况是当代一切社会运动的真正基础和出发点"。以此为逻辑起点，恩格斯对一系列社会现象进行了"社会—历史"分析，并断言："资产阶级，不管他们口头上怎么说，实际上只有一个目的，那就是当你们的劳动的产品能卖出去的时候就靠你们的劳动发财，而一到这种间接的人肉买卖无利可图的时候，就让你们饿死。"正是看到了资产阶级和无产阶级之间不可调和的利益对立，恩格斯得出结论："无产阶级和资产阶级间的决战已经迫近了。"

马克思主义社会调查方法的科学性正是源于对历史规律的深刻把握。对现代资本主义工业的考察使恩格斯认识到，资本主义生产关系已不能容纳社会生产力的迅猛发展，二者的冲突必然表现为周期性的经济危机，而"危机每重复一次，其猛烈性就加强一次"。因此，恩格斯的理论分析没有止步于对工人阶级悲惨状况的同情，而是将其视为一种自然历史现象，并试图从历史发展进程中探寻这种现象产生的根源。在《英国工人阶级状况》中，他从生产力的角度，系统批判了资本主义生产本身的罪恶性，强调"工人阶级处境悲惨的原因不应当到这些小的弊端中去寻找，而应当到资本主义制度本身中去寻找"，既然资本主义制度无力解决日益加剧的社会矛盾，那么其灭亡也就是合乎历史发展的必然。

田野调查和文献采集是马克思主义 社会调查研究的基本方法

马克思主义认为，实地调查获取的现实材料是社会研究最宝贵的第一手资料，只有准确掌握现实情况，才能进行科学的理论构建。为了深入了解产业革命后英国工人的真实生活状况，恩格斯选择了田野调查的研究方法，他"放弃了资产阶级的社交活动和宴会、波尔图酒和香槟酒，把自己的空闲时间几乎全部用来和普通工人交往"。首先，恩格斯走访了以伦敦和曼彻斯特为中心的十余个城市，对"富人的华丽大厦"和无产者贫民窟进行了现场勘察，详细记录了"不列颠岛屿上无产阶级活动的各个部门，观察了他们的状况，并到处发现贫穷、困苦和完全不是人所应有的生活条件"；接着，在纺织女工玛丽·伯恩斯的帮助下，恩格斯得以多次访问工人区，近距离观察工人的现实生活情景，获得了大量直观的感性材料；最后，恩格斯还广泛结交工厂主、议员、工人代表等不同阶层人士，与他们进行长时间访谈。调查过程中，恩格斯注意到资本主义工厂制度下工人的异化问题，"工人越是感到自己是人，他就越痛恨自己的工作"，同时也看到了工人阶级政治上的先进性和革命性，赞扬"他们身上蕴蓄着民族的力量和推

进民族发展的才能"。根据这一事实，他推断，工人所处的地位必然推动其争取"从资产阶级的羁绊下解放出来"，进而预测了工人运动的发展方向。

此外，马克思主义社会调查方法遵循田野调查和文献采集相结合的原则，将文献的搜集和分析视为田野调查的重要补充。英国为恩格斯提供了得天独厚的研究条件，因为"只有在英国，才能搜集到这样完整的并为官方的调查所证实的必要材料"。1842 年 11 月到达曼彻斯特之后，恩格斯悉心研读了资产阶级经济学家、宪章派领袖和空想社会主义者的著作，刻苦钻研了他"所能找到的各种官方的和非官方的文件"，包括议会调查委员会的统计资料、资产者的信件、专业杂志、新闻报刊等。尽管文献数量极多，且其中的许多材料带有强烈的阶级偏见，但恩格斯仍以极大的耐心，尽可能客观地对它们进行了整理和研究，并在综合分析的基础上，提炼出了关于工人阶级状况的基本事实。

马克思主义社会调查方法为
科学社会主义奠定了方法论基础

19 世纪 40 年代，马克思和恩格斯几乎同时发现了历史唯物主义的基本原理，并分别在各自的著作中加以阐释。不同于马克思严谨的逻辑推演，恩格斯在现实的社会调查实践中，"从另一条道路"达成了对历史发展规律的把握。《英国工人阶级状况》将历史批判精神与社会学具体方法相结合，为马克思主义社会调查方法的创立作出了开创性贡献。

马克思主义社会调查研究方法，克服了此前社会研究方法的一些局限，从方法论层面推动了社会主义从空想走向科学。一方面，此前的资产阶级学者从唯心史观出发，将人类历史看作精神发展史，因此，尽管他们意识到了日益突出的社会矛盾，却找不到导致这些矛盾的物质动因。马克思主义社会调查方法从被忽略的"经济事实"入手，运用历史唯物主义原理，考察资本主义大工业时代的阶级冲突，发现了引发社会病症的根源，并开出了"药方"。另一方面，马克思主义社会调查方法将理论构建立足于社会现实基础之上，破除了脱离社会实际进行研究的错误倾向，大大增强了研究的科学性。从恩格斯的《英国工人阶级状况》到马克思的《资本论》，从列宁的《帝国主义论》到毛泽东的《寻乌调查》，无不是运用和发展马克思主义社会调查方法的光辉典范。

马克思主义社会调查方法是指引共产党人不断探索真理、解决现实矛盾的重要方法论原则。深入挖掘马克思主义社会调查方法的精髓，对于更好地把握当代中国发展进程、推进中国特色社会主义理论体系建设，有着重要的理论与现实意义。

（孟飞，华中师范大学马克思主义学院副教授，马克思主义理论系主任；朱秉贤，华中师范大学马克思主义学院硕士研究生）

学习列宁调查研究的思想 *

魏泽焕

◇列宁

列宁十分重视调查研究。苏俄十月革命胜利后，当布尔什维克党面对百废待兴、问题层出不穷、矛盾纷繁复杂、思想异常活跃的新形势时，列宁向全党发出号召，提出：当前的"首要任务之一是组织一系列的社会调查"。1922 年 4 月 12 日，党的负责人奥新斯基通过调查研究，在《真理报》上发表了《地方经验的新材料》一文。列宁当天看到这篇文章后，立即给他写信，表示"非常欢迎"，认为这是一个"创举"，并衷心地希望他"朝着这个方向更长远、更广泛、更深入地继续做下去"。

列宁为何如此重视调查研究？在他看来，调查研究，是马克思主义的根本的思想方法和工作方法。如果认真地、经常地、深入细致地执行它，其意义是十分重大的。

进行调查研究，掌握人民群众的情绪和要求，是布尔什维克党制定政策的客观依据。苏俄在 1920 年粉碎国内外反革命武装干涉以后，战时共产主义时期所实行的余粮收集制已引起了农民的

---

* 节选自《中国党政干部论坛》2004 年第 8 期。

普遍不满，他们强烈要求废除无偿地征收他们粮食的政策。由于战争已经结束，因而迫切需要改变党的政策，才能克服政治上和经济上的严重困难，保证国民经济各部门的恢复并建立起社会主义的经济基础，巩固和发展工农联盟。在这一重大转折关头，列宁除了认真研究农民的来信和其他材料，还多次亲自到各地农村了解农民的情绪，不断找农民谈话，认真考察在农民中间发生的各种情况。通过对农民的调查研究，列宁掌握了农民和农村的全部真实情况，使他确信必须立即废除战时共产主义政策，以粮食税代替余粮收集制。因此，他很快起草了关于以粮食税代替余粮收集制的提纲，提交政治局会议讨论。1921 年 3 月，在党的第十次代表大会上，通过了列宁亲自起草的关于由余粮收集制过渡到粮食税的具有历史意义的决议。这样，苏俄就实现了由战时共产主义政策向新经济政策的转变。

进行调查研究，广泛地联系群众，是克服官僚主义，提高工作效率的重要措施。苏俄十月革命胜利后，在党和国家机关中存在着严重的官僚主义现象。列宁指出：泛泛之谈，空话连篇，都是些大家听厌了的愿望，这就是现代的"共产党员的官僚主义"。他对此深恶痛绝。为了克服官僚主义，列宁一方面重视国家机关的改革，另一方面要求党和国家机关的工作人员深入地开展调查研究。他经常教导工作人员"少说些漂亮话"，在深入开展调查研究的基础上，"多做些日常平凡的事情"。1921 年 8 月，列宁在写给中央统计局的信中，要求他们拿"99/100 的力量用去研究我们建设中实际上迫切需要解决的问题"。1922 年 3 月，列宁在给莫洛托夫的信中，要求大家写报告不要空话连篇，而要"拿出实际经验的材料"，即使是一个县一个乡的也好，不是学院式地而是实际地加以研究。在报告中，要写明"那些不应该做（具体地，有例子，有地名，有确实事实）"。列宁的这些要求，对克服官僚主义，改进工作作风和提高工作效率，起到了十分重要的作用。

进行调查研究，了解人民群众的新生活，是正确分析和看待社会上存在的弊病，坚定社会主义信念的重要途径。在十月革命取得胜利的初期，由于新生的苏维埃政权受到国内外反动派的武装镇压，经济上受到破坏，造成国内政治上不安定，人民忍饥挨饿等状况。对此该如何认识是个重大的政治问题。当时，从事文学工作的高尔基居住在彼得格勒。由于他这时只把自己摆在翻译作品之类的职业编辑的地位上，严重地脱离了人民群众，这就使他对这些弊病缺乏正确的认识。他把由阶级敌人所造成的"城市的贫穷、困难和疾病"，都当成"是共产主义的过错"，结果，他"和共产主义的'分歧日益加深'"。列宁对高尔基一贯关心和器重，但对他的这一严重错误，却当即给予了极为严厉的批评。列宁给高尔基写了一封长信，指出这不是一个从事政治或者全心全意投入最激烈斗争的人的情绪，是不健康的结论，是一种在满怀怨恨的资产阶级知识分子的环境中变本加厉的"病态心理"。在信中，列宁再三劝告高尔基要"彻底改换环境，改换接触的人，改换居住的地方，改换工作"，"去观察人们怎样以新的方式建设生活，但不是在……中心城市，而是在农村或外地的工厂（或前线）。在那里，只要简单观察一下，就能很容易区别旧事物的腐朽和新事物的萌芽"。在列宁的耐心帮助下，高尔基端正了思想认识，满腔热情地投入到农村、外地的工厂和前线，成为社会主义革命和建设的积极参加者和鼓动者、苏维埃作家的领导人和苏联第一位最伟大的文学巨匠，为建设崭新的苏维埃文化事业作出了自己的重大贡献。

列宁不仅重视调查研究的实际意义，而且还非常重视调查研究的态度和方法。

列宁认为，在调查研究时，不要以"大官"的身份出行，以"大官"的身份出行，"往往要发几十份专电，兴师动众"，而且难以调查到真实情况。一次，列宁以全俄肃反委员会属下一个无名工作人员的身份出行，调查全俄肃反委员会轨道车的情况。通过调查，他了解到轨道车无人看管，残缺不全，燃料被人偷走，煤油里有水，发电机运转糟得叫人无法忍受，运行情况糟糕透顶，不该停的站也停，站长们全然无知，情况之糟到了无以复加的程度。列宁指出，幸亏我是化名乘坐轨道车的，所以能够听到而且已经听到了职工们坦率而真实的（不像官方文章那样动听而虚假的）介绍。在列宁看来，调查研究时，要把求实精神贯穿始终，从事物的总和中找出规律性的东西，得出正确的结论。调查研究是一门科学，来不得半点虚假。它要求踏实、细致、艰苦的工作，严肃认真的科学态度。非科学的调查，不仅不能给人以正确的认识，反而毁人坏事，给党和人民带来危害。"在社会现象领域，没有哪种方法比胡乱抽出一些个别事实和玩弄实例更普遍、更站不住脚的了。挑选任何例子是毫不费劲的，但这没有任何意义，或者有纯粹消极的意义，因为问题完全在于，每一个别情况都有其具体的历史环境。如果从事实的整体上、从它们的联系中去掌握事实，那么，事实不仅是'顽强的东西'，而且是绝对确凿的证据。如果不是从整体上，不是从联系中去掌握事实，如果事实是零碎的和随意挑出来的，那么它们就只能是一种儿戏，或者连儿戏也不如。"列宁根据当时的一些党报宣传的内容不适应苏俄政治经济发展的需要，要求工作人员重视调查研究并提出了具体要求。列宁指出：要调查所在单位"是否真正有成绩？有那些成绩？证实了没有？其中有没有虚构、夸大和书生式的许诺？成绩是怎样取得的？怎样扩大的"？列宁这里提出的六个问题，是做好调查研究的重要环节，是马克思主义求实精神在调查研究过程中的具体运用。

列宁认为，在调查研究时，要深入到基层，在切实掌握丰富的具体材料的基础上作出正确的分析，找出成功和失败的真正原因，要敢于揭露和批评错误行为，大力表彰好人好事。列宁指出：

"在研究地方经验时，要多一些，再多一些具体内容、详情、细节、实践、实际经验，要深入现实生活，既深入县的，也深入乡的、村的生活；要分析：在什么地方、什么人、为什么（用什么办法）尽管处在极度贫困和经济上遭到严重破坏的情况下仍能取得实际的，虽然是不大的改善；不要怕揭露错误和无能；广泛介绍并大力宣扬任何一个表现稍为突出的地方工作人员，把他当作榜样。"只有这样，"我们整个建设事业的改善也就会越加顺利。"

列宁关于调查研究的思想，闪烁着马克思主义认识论的思想光辉，是我们学习的极好榜样。

［作者单位：中共中央党校（国家行政学院）］

毛泽东怎样做调查研究？ *

邓兆明

毛泽东的调查研究理论是毛泽东思想的重要组成部分，是中国共产党人和中国人民认识世界和改造世界的伟大工具。是毛泽东留给我们的极为宝贵的精神财富。在今天的改革开放中，认真学习和研究毛泽东的调查研究理论，对于建设有中国特色社会主义仍有科学价值和意义。

一、毛泽东的调查研究理论的主要内容

毛泽东的调查研究理论内容十分丰富，本文不可能作详尽的论述。只能将其主要的或最核心方面的内容作概要的论述。在我们看来，主要有如下几个方面。

1. "没有调查，没有发言权"

毛泽东这样说的，也是这样做的。毛泽东早在青年时期，就开始认识到，要在中国进行革命斗争，就必须把握中国的国情。1920 年 3 月 14 日，在给周世钊的信就表示："我想暂时不出国去，暂时在国内研究各种学问的纲要……吾人如果要在现今的世界稍

---

* 节选自《试论毛泽东的调查研究理论》,《毛泽东百周年纪念——全国毛泽东生平和思想研讨会论文集》（上）。

微尽一点力，当然离不开'中国'这个地盘。关于这个地盘内的情形似不可不加以实地的调查及研究。"后来他回忆这个情形时说："我陪同一些湖南学生去北京。虽然我协助组织了这个运动，而且新民学会也支持这个运动，但是我并不想去欧洲，我觉得我对自己的国家还了解得不够，我把时间花在中国会更有益处。"但是，在这个时期，毛泽东只是朴素地意识到调查研究的重要性，还不懂得用阶级分析的观点，来分析当时的社会问题。

中国共产党创立时期，毛泽东很快成为一个杰出的马克思主义者。他开始用马克思主义阶级观点来分析形势。在从事韶山一带农民运动时，把调查研究看作是马克思列宁主义的一般原则原理同中国革命具体实践相结合的中心环节，是理论与实践相结合的重要途径，并作了大量的社会调查研究工作。他在调查过程中，发现农村贫富悬殊，有雇农、贫农、中农、地主之分。这些材料，后来成为《中国社会各阶级的分析》一文的基础，解决了新民主主义革命领导权的问题。

北伐战争开始后，毛泽东为了支持伟大的农民运动，驳斥党内外怀疑和指责农民运动的论调。在1927年，用一个多月的时间，亲自深入湘潭、湘乡、衡山、醴陵、长沙五县农村，步行一千四百多里，对农民运动的情况进行了全面的考察，搜集了大量的第一手材料。《湖南农民运动考察报告》就是在这个调查的基础上写成的。《考察报告》以调查所得的大量事实，雄辩地驳斥了对于农民革命斗争的种种怀疑和指责。并运用马克思列宁主义的普遍原理和中国革命的具体实践相结合的原则，提出了解决中国民主革命中农民问题的理论和政策。

大革命失败以后，在革命的紧急关头，毛泽东开创了井冈山革命根据地。他为了寻找适合中国情况的革命道路，在极其艰难的环境下，对湘赣边界各县进行了广泛的社会调查。于1927年11月写出宁冈、永新两县的调查报告。对当地群众斗争的情况，反动派的状况，当地经济生活，土地分配的情况等进行了全面的分析，基于这些社会调查，写出了《中国的红色政权为什么能够存在？》一文，论证了中国红色政权发生发展的原因、条件，提出了"工农武装割据"的光辉思想。随后，他利用开展游击战争的空隙，深入实际，调查部队存在的各种问题，起草了《关于纠正党内的错误思想》的决议，总结了红军建设的经验，提出了新型军队建设的基本原则和具体措施。强调指出，要"用马克思列宁主义的方法去作政治形势的分析和阶级势力的估量，以代替主观主义的分析和估量"，要"注意社会经济的调查和研究，由此来决定斗争的策略和工作的方法，使同志们知道离开了实际情况的调查，就要坠入空想和盲动深坑"。在这里，毛泽东既提到了掌握马克思主义的方法，又说到了调查和研究中国实际情况的重要性，把调查研究提到了解决政治路线的思想基础的高度。接着，他又写了《调查工作》一文。这篇文章在1964年收入《毛泽东著作选读》（甲种本）时，毛泽东把它改题为《反对本本主义》。1961年3月11日，毛泽东将此文印发给他在广州召集的一次会议，并写了以下的说明："这是一篇老文章，是为了反对当时红军中的教条主义思想而写成的。那时没有用'教条主义'这个名称，我们叫它'本本主义'。""看来还有些用处，印若干份供同志们参考。"《反对本本主义》，全面系统地论述了调查研究的理论。指出"中国革命斗争的胜利要靠中国同志了解中国情况"。"无产阶级要取得胜利，就完全要靠他的政党——共产党的斗争策略的正确和坚决。共产党正确而不动摇的斗争策略，决不是少数人坐在房子里能够产生的，它是要在群众的斗争过程中才能产生的。这就是说要在实际经验中才能产生的。因此，我们需要时时了解社会情况，时时进行实际调查。""一切结论产生于调查情况的末尾，而不是在它的先头。"并提出了"没有调查，没有发言权"的著名论断。如果说，毛泽东以前只是进行了调查研究的实践的话，那么，这便是对长期调查研究实践的科学总结，是从认识论的高度对调查研究所作的理论上的深刻阐述。随着理论认识的提高，调查研究的实践也不断深化。1930年前后，他利用红军分散发动群众的机会，深入到寻乌、兴国等地调查研究，先后写出了《寻乌调查》《兴国调查》《长冈乡调查》《才溪乡调查》等具有重要价值的调查报告。正是这些调查研究，使他能够从实际出发，把马克思主义的普遍真理同中国革命的具体实际结合起来，为较好地解决土地革命中基本政策，提供了可靠的依据。

遵义会议以后，确立了毛泽东在红军和党中央领导地位，从此，中国革命开创了胜利发展的新局面，顺利地实现了土地革命战争到抗日战争的转变。为了总结党成立以来中国革命两次胜利、两次失败的经验教训，红军长征到达延安以后，毛泽东集中精力从事理论工作。在百忙中，亲自整理了经过长征保存下来的调查材料，编为《农村调查》一书。并写了《〈农村调查〉的序言和跋》，在这里，毛泽东着重讲了调查研究应采取的态度和方法。他指出："调查研究"没有满腔热情，没有眼睛向下的决心，没有求知的渴望，没有放下臭架子甘当小学生的精神，是一定不能做，也一定做不好。随后，毛泽东又发表了《关于农村调查》讲话，进一步强调了调查研究的重要性和长期坚持调查研究的必要性。指出："认识世界，不是一件容易的事，马克思、恩格斯努力终生，作了许多调查研究工作，才完成了科学的共产主义。列宁、斯大林也同样作了许多调查""中国革命也需要作调查研究工作，首先就要了解中国是个什么样东西（中国的过去、现在及将来）"。同时，指出调查研究应注意的方法。要用对立统一观点进行调查研究。调查要详细地占有材料，"但是一定要抓住要点或特点（矛盾的主导方面）。""假若丢掉主要矛盾，而去研究细微末节"，仍然没有发言权。如此等等。这是我们达到正确认识客观世界的保证。但是，认识客观世界有一个过程，不能一次完成，因此，调查研究也不能一劳永逸。"事物是运动的，变化着的，进步着的，因此，我们的调查，也是长期的，今天需要我们调查，将来我们的儿子、孙子也要作调查，然后才能不断认识新事物，获得新知识。"他还指出："我们的调查工作，是要有耐心地、有步骤地去做，不要性急。"这些关于调查研究的基本观点和方法，表明了毛泽东的调查研究理论已达到成熟、完整形成。毛泽东的大量社会调查，为我们了解中国国情、制定民主革命的战略策略、夺取新民主主义革命的胜利提供了最基本的理论和客观依据。

新中国成立后，怎样搞社会主义革命和建设，就全党来说，是一个崭新的课题，是一个尚未认识的必然王国。因此，毛泽东多次号召全党，要继续保持和发扬革命战争年代的优良传统，深入实际、深入群众，进行系统的周密的调查研究，尽快熟悉情况，了解新问题，探索和挖掘社会主义革命和建设的客观规律，获得领导工作的主动权。

1957 年反右派斗争扩大化以后，接着又发生以高指标、瞎指挥、浮夸风和"共产风"为标志的"左"倾错误。这个错误的思想根源，就在于离开了调查研究，一切经过实验的原则，偏离了唯物主义的思想路线，违反了客观规律，使主观指导和客观实际相脱离。为了纠正 1958 年以来我国农村工作和经济工作中的"左"倾错误，毛泽东向全党重申党的一切从实际出发，调查研究，实事求是的思想路线，强调要贯彻群众路线，大兴调查研究之风，为国民经济的调整、制定其他各项工作的方针政策提供了客观依据。

1961 年初，毛泽东在中央工作会议和党的八届二中全会的讲话中，曾经指出，过去我们在抗日战争、解放战争时期，调查研究比较认真，有实事求是的传统。入城后，特别是近几年来，我们有许多同志，包括一些高级领导干部，大概是官做大了，调查研究工作不做了，不到下面去了解情况，研究问题，不去接触群众和干部，或去接触他们的时候，老是教训人，而不是同他们商量、交换意见，这是很不好的，是很危险的。这几年出的问题，大体上都是因为胸中无数，情况不明，没有基础，没有底，凭感情和估计办事，主观地决定问题，从而政策、方法、措施都不对头，使我们的工作吃亏很大，付出的代价很大。他强调，只讲普遍真理，只有原理原则，只有总路线而没有一整套正确的具体政策是不能够解决问题的。制定一整套正确的具体政策和方针、条例，就必须建立在认真调查研究、总结经验、掌握情况的基础之上。因此，我们做工作必须坚持三条：一要情况明，二要决心大，三要方法对。而情况明是第一条，这是一切工作的基础。只有情况明，才能决心大，方法对。情况不明，则一切无从谈起。他曾在一封信上严厉地批示：各级党委不许不作调查研究工作。绝对禁止党委少数人不经调查，不同群众商量，关在房子里作出害死人的主观主义的所谓政策，为此，毛泽东反复号召全党，要大兴调查研究之风，把 1961 年搞成"调查研究年"，"实事求是年"。要求省、地、县各级党委第一书记和各部门主要负责人，不仅要亲自抓典型，对一两个工厂、商店、学校、农村、连队等基层单位作系统的周密的历史的现状的调查研究。

毛泽东不仅这样说，而且身体力行，进行了大量的调查研究的实践活动。他在日理万机，工作极其繁忙的情况下，仍然巡视大江南北到全国各地

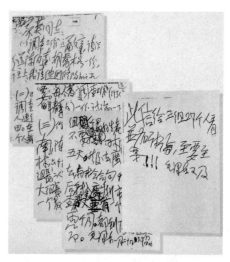

◇中共八届九中全会后，毛泽东身体力行，亲自组织和领导了三个调查组分别到浙江、湖南、广东进行农村调查。这是毛泽东 1967 年 1 月 20 日就组织调查组一事给田家英的信。

视察工作，调查了解情况，收集了大量的原始资料，为制定党的各项方针政策，提供了客观依据和理论指导。

2. 毛泽东的调查研究的基本原则。

第一，调查的主题必须明确集中，有的放矢，主题是中心，也即是我们计划所要解决的问题。调查若无主题，犹如盲人摸象，随便到一个地方去乱抓一把，不但不能收到效果，反而会浪费人力物力。主题应该集中，每次调查最好是围绕一个中心，即客观事物发展过程中的主要矛盾，抓住了这个主要矛盾，一切问题就迎刃而解了。"如果十样事物调查了九样，但都是次要的，把主要的东西丢掉了，仍然是没有发言权。"因为主要矛盾的存在和发展规定或影响着其他矛盾的存在和发展。毛泽东指出："详细地占有材料，抓住要点，材料是搜集得愈多愈好，但一定要抓住要点或特点，马克思研究资本主义，列宁研究帝国主义，都是收集了很多统计和材料，但并不是全部采取，而只是采取最能表现特点的一部分。"

主题确定以后，还需要拟定调查大纲。列出所要调查的项目。纲目要事先准备，调查人按照纲目发问，会众口说，不明了的，有疑问，提起辩论。"所谓'调查纲目'，要有大纲，还要有细目，如'商业'是个大纲，'布匹'、'粮食'、'杂货'、'药材'都是细目，布匹下再分'洋布'，'土布'、'绸缎'各项细目。"这些项目应该是把许多问题，按照一定的逻辑系统排列起来，而不是杂乱无章的，凡调查项目可以制表格的，就应该事先制成调查表。有了明确的调查纲目，就可以保证围绕主题，步步深入，得到我们所需要的材料。

第二，坚持实事求是，这是调查研究最根本的原则。所谓实事求是的调查研究，说的是如下两种情形：一是调查者不能事先定调子，划框框，下到基层找例子。一切结论应该产生于调查的末尾，而不是在它的先头。这就是说，要按照事物的本来面目认识事物，不增加任何主观成分，是什么问题就是什么问题，是多大的问题就是多大的问题，一就是一，二就是二，不夸大，不缩小，这就是调查中的唯物主义，有的人，调查之前就已经有了结论，调查不是为使主观符合客观，而是要使客观适应主观，"按图索骥"。用框框硬套客观实际，"合则取，不合则弃"，搜集一些片面的材料来印证自己的结论。这种方法从根本上违背了"从物到感觉和思想"的唯物主义认识路线。毛泽东针对这种情况明确指出："调查研究有两种方法，一种是大胆的主观假说，小心的主观主义的求证，这是个很坏的方法。一种是马克思主义的科学方法。"我们要作科学的调查研究，就要从实际出发，客观地冷静地了解事实本身。

二是对调查所得材料要认真验证，反复核对，辨别真伪。在社会调查中，由于被调查者可能受切身利益的牵连，或其他种种的局限，反映的情况不一定是完全真实的，因此需要验证、核对。为此，在调查研究中必须做周密系统，深入细微的工作，要有耐心地、有步骤地去工作，不要性急，也不能偏听偏信。

在社会历史领域中，发现和利用那些触犯社会衰朽力量的新规律，往往会遇到强烈的反抗，即使在我国社会主义条件下也仍然存在某种阻力。比如当调查研究揭示出某一事物的本质和规律性时，常常会触及某些单位、某部分人或某些个人的既得利益，有的还会触及某些传统观念和习惯势力，这就要求我们的调查者要有勇气冲破重重束缚，不要怕挫折，不要怕打击，没有这种大无畏的精神，要想调查真实情况，反映真实情况是不可能的。

第三，调查研究要着眼于现在和未来，善于发现新生事物，注意事物发展动向，为预测和决策工作服务。那些在历史发展过程中具有远大前途的新生事物，产生时总是比较软弱无力，居于少数。一般需要人们有意识地扶持才能迅速成长。因此，"我们应当缜密地研究新的幼芽，极仔细地对待它们，尽力帮助它们成长，并'照管'这些嫩弱的幼芽。"在调查研究过程中，如果不特别注意发现新的幼芽，即使新事物就在面前，也可能视而不见，听而不闻，失之交臂。这样就会使新生事物遭到埋没，延缓了它成长壮大的时机，或者由于不懂得分析鉴别新生事物，说不定把腐朽当神奇，不自觉地压制新生事物。如同毛泽东所说的："同旧社会比较起来，在社会主义社会中，新生事物的成长条件，和过去根本不同了，好得多了。但是压抑新生力量，压抑合理的意见，仍然是常有的事。不是由于有意压抑，只是由于鉴别不清，也会妨碍新生事物的成长。"因此，在调查研究过程中，应立足于现实，放眼于未来，为了前进而去发现新事物，支持新事物。

在现实生活中，及时地发现新生事物，对于预测和决策工作，有着十分重大的现实意义。70年代末，农村的联产承包责任制刚刚出现的时候，仅仅属于个别情况，而且不少人持怀疑或否定态度，我们党及时地做了大量的调查研究工作，敏锐地抓住了这个适合我国生产力发展状况的新生事物，迅速打开农业生产的新局面，并且为整个国民经济的发展拓开出了一条新路子。运动在发展中，新东西是层出不穷的，因此要努力认识新情况、研究新问题、解决新问题。

第四，要有眼睛向下，甘当小学生，虚心向群众学习的态度。毛泽东指出：调查研究"没有满腔的热情，没有眼睛向下的决心，没有求知的渴望，没有放下臭架子、甘当小学生的精神，是一定不能做，也一定做不好的"。

首先，甘当小学生要有满腔的热情，要站在人民大众的立场上，抱着为人民服务的决心，一切从人民利益出发，同群众打成一片，关心和解放群众生产和生活中的问题。而要做到这些"主要的一点是要和群众做朋友，而不是去做侦探，使人家讨厌。群众不讲真话，是因为他们不知道你的来意究竟是否于他们有利。

要在谈话过程中，给他们一些时间摸索你的心，逐渐地让他们能够了解你的真意，群众才能把你当作好朋友看，然后才能调查出真情况来。群众不讲真话，不怪群众，只怪自己"。

其次，甘当小学生要有眼睛向下的决心。如果以领导者自居，居高临下，没有放下架子的精神，是一辈子也不会懂得中国的事情的。有些人下去调查，盛气凌人，"下车伊始"，就哇喇哇喇地发议论，一开口就是官腔，自以为是，这也批评，那也指责，群众只会望而生畏，根本不愿理睬。只有眼睛向下，平等待人，才能知道许多"闻所未闻"的东西。

最后，甘当小学生还必须有求知的渴望，虚怀若谷。抱着寻求真理的强烈愿望，我们切不可强不知以为知，要"不耻下问"，要善于倾听群众和接近基层干部的意见，恭恭敬敬地、老老实实地向群众学习，不懂就是不懂，不要装懂。客观事物是错综复杂地发展变化的，事物本质的暴露有一个过程，因此，调查研究是一种艰苦的劳动，要搜集大量材料与数据，要反复思考与分析，不花气力，不动脑筋是得不到真理的。

邓小平这样搞调查研究 [*]

刘金田

邓小平求真务实的领导作风和工作方法，体现在调查研究中，一个鲜明特色就是深入、唯实、联系大局、敢于担当，具体体现就是"问数字"和"爱算账"。他到各地调查研究，常常直接深入到基层干部群众中了解情况，通过倾听群众的呼声发现问题、纠正工作失误，基于调研的情况制定和实施重要的决策。

作为党的第一代中央领导集体的重要成员和第二代中央领导集体的核心，邓小平在参与作决策和最后拍板之前，都要先进行调查研究。他历来反对轻率地"拍脑袋"，凭想象作出决策，认为那种走马观花、流于表面的调研，是发现不了真正问题的，那样做不是一种对党和人民的事业认真负责的态度。

1961年7月14日，为进一步讨论《国营工业管理工作条例（草案）》，邓小平亲率调查组到东北，就工矿企业和城市工作、人民生活等问题进行调查研究。

在这次调查中，邓小平对职工的生活关心得最多，也说得最多，问得最细。在哈尔滨时，他问油田负责同志："职工生活如何？一个月的生活费要用多少钱？"这位同志回答："按过去一个月十三四元就够了，最近来了一批进口面粉，每斤三角二分，这样花钱就多了，低工资工人手头很紧。"邓小平当即对时任黑龙江

＊ 选自《支部建设》2021年第10期。

省委书记李剑白说："进口面粉也不能抬高物价，按国内的价格调拨。"李剑白表示马上解决这个问题，多交的款退回。接着邓小平又问："职工冬装解决了没有？食堂办得如何？"听了汇报以后，他指示："食堂要好好管理，不宜过大。"到了油田，看到工人们正在搞干打垒房子，他一一询问："去年盖了多少平方米？今年能盖多少？每平方米多少钱？"当他听到每平方米十二三元钱时表示，这样就可以多搞。

领导同志下基层调查和听取汇报时，经常会接触一些与实际情况不太相符的情况。因此，如何了解到真实情况，极为重要。在这个问题上，邓小平极为反对弄虚作假和带着事先定的调子下去调研。

◇ 1961 年 5 月，邓小平到北京郊区的顺义和怀柔调查，对恢复农业生产提出了具体意见，后又去东北。图为邓小平在东北视察工厂。

1961 年，全党大兴调查研究之风。4 月，邓小平和彭真到北京郊区顺义搞调查研究。通过调查研究，邓小平认为，农业减产的原因是政策问题，人民公社的一些政策，影响了群众生产积极性。他充分肯定了当时尚有争议的"三包"（包工、包产、包成本）、"一奖惩"（超额有奖，减产受罚）、"四固定"（土地、劳力、耕畜、农具固定到生产队使用）的责任制，指出"一定要实行定额包工，多劳多得是天经地义的事，是社会主义的分配原则"。当他了解到不少农民不想吃食堂时，他说："吃食堂是社会主义，不吃食堂也是社会主义。要根据群众的意愿，决定食堂的去留。"

5月10日，邓小平和彭真致信毛泽东。信中说，要进一步全面地调动农民的积极性，对供给制、粮食征购和余粮分配、三包一奖、评工记分、食堂、所有制等问题的措施，还需要加以改进，有些政策要加以端正。报告中明确提出，三七开供给制办法，带有平均主义性质，害处很多，干部和群众普遍主张取消。3天后，毛泽东将此信批示发给各中央局和各省、市、区党委供参考。

邓小平在调查研究中"爱算账"，不是就数字论数字，而是将数字作为从政治大局和长远目标来考虑问题的依据。看起来他是在算细账，实际上是从具体的数字来看全局，算大账。

1982年9月，党的十二大提出，到2000年实现全国工农业总产值在1980年的基础上翻两番，使人民生活达到小康水平的宏伟目标。"翻两番"究竟靠不靠得住？"翻两番"的目标实现后，社会又将是什么样子？带着这样的思考，1983年2月，邓小平离开北京，踏上南下的列车，到经济发展较快的苏浙沪地区调研，以获取第一手资料。

2月9日下午，邓小平从江苏来到杭州。一见到前来迎接的浙江省委负责同志，邓小平便开宗明义地说："我这次在苏州，与江苏同志主要谈到2000年是不是可以翻两番，达到小康水平的问题。现在苏州工农业总产值人均已接近800美元。苏州同志谈，他们共解决了六个方面的问题。江苏从1977年至1983年六年间，工农业总产值翻了一番，依这样的发展，到1988年就可以再翻一番！"

当听到时任浙江省委书记铁瑛说，浙江到2000年能翻两番半或三番时，邓小平问："你们看，翻两番是不是靠得住？现在是多少？到2000年是多少？"铁瑛一一回答。3月2日，邓小平回到北京之后，约请几位中央负责同志谈话。他说："这次，我经江苏到浙江，再从浙江到上海，一路上看到的情况很好"，"到本世纪末实现翻两番，要有全盘的更具体的规划，各个省、自治区、直辖市也都要有自己的具体的规划，做到心中有数。"

1984 年 1 月 24 日，邓小平又来到深圳考察，听取时任深圳市委书记、市长梁湘汇报工作。当听到深圳经济特区的工业产值 1982 年达到 3.6 亿元，1983 年达到 7.2 亿元时，邓小平说："那就是一年翻一番？"显然，他对这个增长速度非常满意。

25 日上午，邓小平考察了深圳河畔一个渔民村。他到老支书吴伯森家做客时，一一询问吴伯森家里几口人，收入多少。吴伯森告诉他，这个村家家是万元户，自己家人均月收入四五百元。邓小平听后高兴地对随行人员说："比我的工资还高啊！"走出渔民村口时，梁湘问："像渔民村这样的生产和生活水平，全国人民做到要多少年？"邓小平说："大约需要 100 年。"梁湘说："不要那么长吧？"邓小平说："至少也要 70 年，到本世纪末，再加50 年。"

后来，人们听到邓小平在北京宣布，要在 21 世纪中叶，使中国人民的生活达到中等发达国家的水平。这一预期目标，就是"三步走"发展战略的第三步，正好与他在渔民村调研时计算的结果相吻合。

调查研究中发现的问题要敢于处理。调查只是前期的工作，真正基于调研的情况制定和实施重要的决策才是目的所在，尤其针对发现的问题，邓小平强调要敢字当头，而非掩耳盗铃。

四届全国人大一次会议闭幕后，周恩来的病情加重。邓小平受命于危难之际，主持国务院工作。

当时，全国钢铁生产情况很不乐观。1975 年前 4 个月，全国钢铁生产陷入停滞，包头、武汉、鞍山、太原等钢铁公司欠产严重。

通过深入调研，邓小平在 1975 年 5 月 21 日国务院办公会议上指出："对钢铁生产，我看到了解决问题的时候了，解决的条件也成熟了。各个行业都要支持。现在的问题是，你们敢不敢接受中央的支持，敢不敢按中央这次批示的要求去办。要找那些敢于坚持党的原则、有不怕被打倒的精神、敢于负责、敢于斗争的人进领导班子。"

他诙谐地说："我是维吾尔族姑娘，辫子多，一抓一大把。"接着，他说："要敢字当头。搞社会主义建设，不能不搞生产，不能不搞科学技术。我们强调劳动生产率，强调科学技术，不能算作'唯生产力论'。"

在实际调查中详细了解各种情况和细算每笔账，具体而生动地体现了邓小平求真务实的领导作风。他在每次视察和调研时，都力求准确了解真实情况，发现报告和汇报中可能存在的虚假问题，并及时予以解决。他非常清楚，别人的报告代替不了自己的调查，同样，别人的意见也代替不了自己的亲手计算。在一定程度上可以说，实事求是的作风往往就体现在摸清真实的情况之中，一切从实际出发的态度往往就体现在注重调查研究之中。

（作者为中共中央党史和文献研究院研究员）

谋事之基　成事之道
——江泽民同志论调查研究 [*]

舒金城

　　江泽民同志十分重视调查研究在党的决策工作和全部领导工作中的重要地位和作用。为了抓住时机、深化改革、促进经济又快又好地发展，为了在新的形势下保证党的决策的科学制定和有效执行、正确解决前进中的矛盾和问题，他多次谈到调查研究问题，全面系统地论述了做好调查研究工作的极端重要性，号召全党同志特别是各级领导干部必须在邓小平同志建设有中国特色社会主义理论和党的基本路线的指导下，深入各个领域的实际，大兴调查研究之风。在党的十五大上，江泽民同志再次强调党的干部特别是领导干部"必须在工作中坚持群众路线，深入实际调查研究"。不久前，江泽民同志又在成都召开的四省市国有企业改革和发展座谈会上，再一次强调要"大兴调查研究之风"。在全面贯彻十五大精神，深化国有企业改革、把建设有中国特色社会主义事业全面推向 21 世纪的过程中，学习江泽民同志关于调查研究的论述并落实到实际工作中，具有重要意义。

---

* 选自《科学社会主义》1999 年第 5 期。

一、搞好调查研究是我们的谋事之基、成事之道

江泽民同志从多方面论述了调查研究在我们党的工作中的重要地位和作用，认为搞好调查研究是我们的"谋事之基，成事之道"。

第一，坚持调查研究是"辩证唯物主义认识论的基本要求"。江泽民同志这一观点从哲学的高度揭示了坚持调查研究的必要性。辩证唯物主义认识论告诉我们：认识是对客观实际的反映，正确的认识就是与客观实际相符合的认识，因此，要获得这样的正确认识，就必须对客观实际进行调查研究。只有通过对客观实际的周密调查，我们才能获得对客观实际的正确的感性认识；只有在此基础上进行科学的研究，我们对客观实际的认识才能由感性上升到理性，正确地反映事物的本质。正因为如此，所以辩证唯物主义认识论把通过调查研究获得正确的认识作为对人们的基本要求。

第二，调查研究是把马克思主义与中国国情相结合，从而走出一条有中国特色的革命和建设道路的"前提"和"依据"。江泽民同志通过回顾我们党的历史经验科学地说明了这一点。他指出：我们党过去领导全国人民走出了一条有中国特色的民主革命道路，现在又走出了一条有中国特色的社会主义现代化建设道路，最根本的是把马克思主义的基本原理同中国的具体实际结合起来，运用马克思主义的立场、观点、方法，正确认识中国的国情，创造性地解决革命和建设中的问题；这个结合过程，始终是以调查研究为前提为依据的，也就是说，是在调查研究的基础上，实现并不断深化马克思主义基本原理同中国具体实际的结合和统一的。

第三，坚持调查研究，是"党保持同人民群众密切联系的重

要渠道"。江泽民同志的这一观点科学地揭示了调查研究对于密切党群关系的重要意义。他多次针对新形势下我们领导工作中存在的官僚主义、形式主义等不良作风和少数党员干部的违法乱纪行为危害党群关系的情况，强调各级领导机关和领导干部都要"深入基层，调查研究，体察群众意愿，关心群众疾苦，听取群众批评"，以密切同群众的联系。

第四，坚持调查研究是"坚决克服官僚主义和形式主义"而必须采取的措施。江泽民同志指出："在改进领导方法和工作作风上，首先要强调真抓实干，坚决克服官僚主义和形式主义，这就要求必须深入实际，多到基层去，多到群众中去，大兴调查研究之风，狠抓各项任务的落实。"官僚主义和形式主义的一个共同特征就是脱离实际，因此，要克服官僚主义和形式主义，就必须深入实际进行调查研究。江泽民同志的讲话告诉我们：大兴调查研究之风，狠抓各项任务的落实，是克服官僚主义和形式主义、改进领导方法和工作作风而必须采取的举措。

第五，调查研究是进行科学决策以解决各种问题的基础。江泽民同志说：历史经验说明，各种问题的解决都取决于正确的决策，而正确的决策来源于对客观实际的周密调查研究；没有调查就没有发言权，没有调查就更没有决策权。因此，"为了提高决策的科学性，应该加强调查研究"。

第六，坚持调查研究，是"我们党的一项基本工作方法和领导制度"。江泽民同志的这一表述真实地揭示了调查研究在我们党的工作和领导活动中所具有的重要性。我们党始终要求各项工作和领导活动的开展都必须以调查研究为前提和基础。我们党的每一项正确的方针政策都是在调查研究的基础上制定的，也都是在调查研究的过程中贯彻实施的。

第七，坚持调查研究是选准用好干部的前提。选准用好干部意义重大，而要做到选准用好干部就必须走群众路线，搞好调查研究。江泽民同志说："干部的优劣和是非功过，群众看得最清楚，也最有发言权。只有走好群众路线，实行领导和群众相结合，才能真正把人选准用好。要采取包括民主推荐、民主评议、民主测评等多种形式，扩大群众的民主参与……对要选拔的干部必须进行全面认真的考察，广泛听取各方面的意见。多数群众不赞成的干部，不能提拔重用。"这里所说的民主评议、民主测评、广泛听取意见，既是民主制度的要求，也是组织人事部门进行调查研究的一种形式。它表明，要真正选准用好干部，也离不开调查研究。

第八，坚持调查研究是提高领导水平的重要途径。江泽民同志曾在谈到"加强调查研究，改进工作作风和思想方法"时要求各级领导干部"多挤点时间学习，少搞一点应酬；多做些调查研究，少一些主观主义；多干些实事，少说些空话，我们的领导水平就会提高一大步"。在这里，江泽民同志把调查研究看作是提高领导水平的重要途径。

正因为调查研究具有如上所述的重要性，所以江泽民同志认为：全党同志特别是各级领导干部，真正把调查研究这一基础性的工作做深做透了，好处很多。他指出：谋事在人，成事也在人；坚持做好调查研究这篇文章，是我们的"谋事之基、成事之道"。这里所谓"谋事之基"是说做好调查研究是对事情进行科学决策的基础；所谓"成事之道"是说做好调查研究是成就我们事业的途径。

二、全党要大兴调查研究之风

江泽民同志在深刻阐明了坚持调查研究重要性的基础上，提出全党同志特别是各级领导干部要深入实际，"大兴调查研究之风"。

怎样做到大兴调查研究之风呢？

第一，要认识到新时期调查研究工作"只能全面加强，决不可有任何削弱"。江泽民同志说：在新时期，尽管我们进行调查研究的对象、内容、手段、条件都发生了新的变化，但是调查研究在党的决策工作和全部领导工作中的地位和作用，不仅丝毫没有改变，而且显得更为重要，只能全面加强，决不可有任何削弱。

第二，领导干部要带头。江泽民同志反复强调各级领导干部要加强调查研究，要求县以上各级领导同志，尤其是一二把手，一定要带头大兴调查研究之风；认为担任领导职务越高的同志，越要亲自下功夫对重大问题进行调查研究，这是别人无法代替的。

第三，要以毛泽东同志和邓小平同志为楷模。江泽民同志说：毛泽东同志为我们党的调查研究优良传统的形成和发展，做出了巨大的贡献；邓小平同志也一贯重视调查研究，为党的这一优良传统的形成和发展做出了重大贡献。他指出：无论在调查研究的理论方面还是实践方面，毛泽东同志和邓小平同志都是我们学习的楷模。

第四，无论是作出决策还是实施决策，都要坚持调查研究。江泽民同志不仅认为"为了提高决策的科学性，应该加强调查研究"。而且认为实施决策（如贯彻执行党的方针、政策、决定等）也要坚持调查研究。他说："我们在制定和执行政策时，一定要反复调查，充分论证"。在谈到贯彻落实邓小平同志南方谈话精神和组织实施中央的各项工作部署时，江泽民同志指出"要重视调查研究""要同本地的实际情况结合起来"。

第五，要抽出时间，深入基层，深入群众。江泽民同志说："所有的领导干部，都要经常下乡下厂下学校，深入到群众中去，了解群众的情绪和意见，努力解决广大群众迫切要求解决的实际问题。"他还要求县以上各级领导同志每年至少抽出一两个月的时间，深入基层，去农村要到村到户，去工厂要到车间班组，亲自听取群众的呼声，了解群众在想什么，盼什么，欢迎什么，反对什么。他认为，只有这样，在工作指导上才有可能真正做到急群众所急，想群众所想，真正切合实际。

第六，要深入改革和建设第一线。改革开放和社会主义现代化建设是我们正在从事的伟大事业，我们的调查研究就是为了更好地推进这一伟大事业，因而必须深入改革和建设第一线。江泽民同志指出："要深入改革和建设第一线，认真进行调查研究，及时发现问题，创造性地开展工作。"我们的改革和现代化建设是前无古人的新事业，而且新情况、新问题还不断涌现出来，因此我们必须不断深入改革和建设第一线进行调查研究。只有这样，才能不断发现问题、解决问题，创造性地推进我们的事业。

深入改革和建设第一线进行调查研究，特别要注意深入农村和国有大中型企业，因为它们在我国国民经济和社会发展中占有十分重要的地位："多年来改革和发展的经验告诉我们，任何时候都必须抓好两头，一是加强农业的基础地位，一是要搞好国有大中型企业。这也是两个重点。农业是国民经济和社会发展的基础，是关系到十几亿人口吃饭的大事，必须靠我们自己解决。国有大中型企业是国民经济的支柱。搞好国有大中型企业，对增强我国经济实力，提高人民生活水平，保持社会稳定，建设有中国特色社会主义，具有十分重要的意义。"正因为农业和国有大中型企业在我国的极端重要性，所以江泽民同志十分重视深入农村和企业进行调查研究。今年他多次深入国有企业进行调查研究，连续多次召开国有企业改革和发展座谈会。

第七，要有的放矢，解决问题。江泽民指出：各级领导同志要针对本地区本部门迫切需要解决的重要问题，经过系统的调查研究，提出解决的对策。他要求各级领导机关的主要领导干部在调查研究的过程中要"体察群众的冷暖疾苦，了解群众的所思所想，解决群众的实际问题"。

第八，要注重解剖麻雀，善于总结经验，加强分类指导。江泽民同志十分重视毛泽东提倡的解剖麻雀式的典型调查，强调调查研究要"注重解剖麻雀"，并把它同总结经验、分类指导联系起来："各级领导机关的主要领导干部，要亲自下去，同群众交谈，多看多听，……总结群众的创造，注重解剖麻雀，加强分类指导。下基层，当然要跑工作搞得好的地方，总结和推广那里的经验，还应该多去困难比较大，经济比较落后、群众意见比较多的地方，帮助那里出主意，选用好干部，以利于尽快地把工作赶上来。"这就是说，下基层调查研究，既要去工作搞得好的地方，更要去工作搞得不好的地方，要注重选取不同类型中的典型进行重点调查研究，解剖麻雀，以便深入把握事物的本质，更好地总结群众的创造，推广先进经验，加强分类指导，使先进更先进，使工作搞得不好的地方尽快地赶上来。

第九，要注意了解新情况，研究新问题，总结新经验。在改革开放和社会主义现代化建设的新时期，有层出不穷的新情况、新问题需要我们去调查研究，有许多新经验需要我们在调查研究的基础上进行总结，所以江泽民同志要求全党同志"加强调查研究，了解新情况，研究新问题，及时对现实生活提出的重大实践和理论问题作出尽可能正确的回答"，还指出"要重视调查研究，注意了解新情况，总结新经验"。

第十，要把调查研究与在群众中树立良好的公仆形象、恢复和发扬党的优良传统和作风结合起来。江泽民同志在谈到深入农村进行调查研究时强调指出："所有领导干部下农村都要轻车简从，以人民公仆的形象，出现在群众之中，虚心向他们学习，认真总结他们的经验。广大农民群众热切盼望我们的领导干部恢复和发扬这样的优良作风，我们不要辜负群众的期望。"江泽民同志在这里虽然是就深入农村进行调查研究来讲的，但具有普遍指导意义，那就是：我们的领导干部不论到什么地方进行调查研究，都要注意在人民群众中树立良好的公仆形象；去哪里调查研究，就要把党的优良传统和作风带到哪里。这对于密切党群、干群关系，增强党的凝聚力，改善党风和社会风气，都具有十分重要的意义。

从以上论述可以看出，江泽民同志从调查研究的重要地位和作用讲到如何大兴调查研究之风，内容丰富，全面系统，对推动全党做好新形势下的调查研究工作，更好地建设有中国特色的社会主义，具有十分重要的现实指导意义。

［作者为中共中央党校（国家行政学院）教授］

胡锦涛不断推进调查研究 *

田欢欢

在新时期，中国的实际情况发生了重大变化，在经济持续发展的同时，仍存在着经济发展不平衡、收入差距扩大、资源环境遭到破坏等问题。以胡锦涛为总书记的党中央领导深入工厂、企业及农村进行了广泛的调查研究，最终提出了"科学发展观""建设和谐社会"的战略构想。这是调查研究与马克思主义理论相结合得出的新观点，调查研究促进了马克思主义中国化在新的历史起点上不断推陈出新。在中共中央政治局第二十次集体学习时他强调，调查研究是我们的谋事之基、成事之道。各级党委、政府和领导干部要切实加强对本地区本部门和谐社会建设有关情况和工作的调查研究，全面分析和把握社会建设和管理的发展趋势，为制定政策、开展工作奠定坚实的基础。要加强对社会结构发展变化的调查研究，深入认识和分析阶层结构、城乡结构、区域结构、人口结构、就业结构、社会组织结构等方面情况的发展变化和发展趋势，以利于深入认识在发展社会主义市场经济和对外开放的条件下我国社会发展的特点和规律，更好地推进社会建设和管理。要加强对社会利益关系发展变化的调查研究，深入认识和分析我国社会利益关系和利益要求。要加强对维护社会稳定工作的调查研究，深入认识和分析公共安全、社会治安等方面的发展

---

* 节选自《大连学院学报》2010 年第 3 期，原题为《论建国 60 年来中国共产党核心领导人的调查研究理论》。

变化和发展趋势，以利于健全维护社会稳定的有效机制，保证广大人民群众安居乐业。各级领导干部要深入基层、深入群众、深入实际，通过开展广泛深入的调查研究，切实提高思想认识水平，切实提高政策水平，切实提高工作水平，努力把构建社会主义和谐社会的各项工作落实好。

由此可见，他已把调查研究深入到了事关发展的方方面面。

此外，他也经常进行实地调查。2005 年 4 月 7 日至 8 日，胡锦涛到先进性教育活动联系点寿光市调查研究，出席寿光市保持共产党员先进性教育活动党员干部会议并发表了重要讲话。在受金融危机的影响之下，党中央更加注重调查研究，2009 年 4 月 21 日至 22 日，胡锦涛来到山东省济南、青岛等地，深入企业、港口、社区，就做好保增长、保民生、保稳定工作进行考察。在 2009 年 9 月召开的十七届四中全会上，他强调了党建问题，而调查研究则是党进行建设的基本方法。由此我们也可看出胡锦涛对调查研究的重视，可以说，调查研究成为解决中国特色社会主义建设和发展的最关键的因素，如果说解决问题是水、是木，那么调查研究就是源、是本，否则所有的问题的解决将成为无源之水、无本之木。

调研工作的方法论指引——感悟习近平调研工作的"深、实、细、准、效"[*]

杜凤英

《之江新语》一书的第一篇《调研工作务求"深、实、细、准、效"》，读后令人印象深刻。这篇短论思想性、针对性、时效性强，语言简洁明快，观点敏锐清晰，形式生动活泼，对广大党员干部深入开展调查研究工作具有很强的方法论层面的指导意义。

"求深"强调调研必须着眼基层，不可"井中葫芦"

习近平指出，"深"，就是要深入群众，深入基层，善于与工人、农民、知识分子和各界人士交朋友，到田间、厂矿、群众和社会各层面中去解决问题。

人民群众的社会实践，是获得正确认识的源泉，也是检验和深化我们认识的根本所在。进行调查研究，一定要从群众中来、到群众中去，广泛听取群众意见。调查研究成果的质量如何、形成的意见正确与否，最终都要由人民群众的实践来检验。党的各级领导干部研究问题、制定政策、推进工作，刻舟求剑不行，闭门造车不行，异想天开更不行，必须进行全面深入的调查研究，

---

* 节选自《学习时报》2017 年 1 月 25 日。

并在此基础上谨慎决策，以保证在各项工作中尽可能防止和减少失误，即使发生了失误也能迅速得到纠正。

调研要"求深"，就必须多层次、多方位、多渠道地调查了解情况，既要调查机关，又要调查基层；既要调查干部，又要调查群众；既要解剖典型，又要了解全局；既要到工作局面好和先进的地方去总结经验，又要到困难较多、情况复杂、矛盾尖锐的地方去研究问题。基层、群众、重要典型和困难的地方，应成为调研重点，要花更多时间去了解和研究。尤其对群众最盼、最急、最忧、最怨的问题更要主动调研，抓住不放。只有这样，才能在调研中听到实话、察到实情、获得真知、收到实效。

"求实"强调调研必须联系群众，不可"招摇过市"

习近平指出，"实"，就是作风要实，做到轻车简从，简化公务接待，真正做到听实话、摸实情、办实事。

党的十八大之后，中央政治局出台关于改进工作作风、密切联系群众的八项规定，其中第一条明确强调："中央政治局全体同志要改进调查研究，到基层调研要深入了解真实情况，总结经验、研究问题、解决困难、指导工作，向群众学习、向实践学习，多同群众座谈，多同干部谈心，多商量讨论，多解剖典型，多到困难和矛盾集中、群众意见多的地方去，切忌走过场、搞形式主义。"

2012年12月7日，八项规定出台后的第三天，习近平第一次出京调研，在广东的五天时间里，轻车简行，不封路、不清场、住普通套房、吃自助餐。这是习近平带头执行八项规定的一次生动示范。四年多过去了，以习近平同志为核心的党中央以身作则，率先垂范，严格执行八项规定。从出行不封路、少扰民，不过度警卫、减少陪同人员，到吃家常菜，住普通房，强调艰苦朴素，反对铺张浪费；从考察点不能"导演"、不搞"培训"，了解最真实情况，到鼓励说真话、谈问题，多到意见多的地方，多同普通群众接触等，体现出明显的以上率下的导向。

"求细"强调调研必须深入细致，不可"走马观花"

习近平指出，"细"，就是要认真听取各方面的意见，深入分析问题，掌握全面情况。

在经济社会加速转型和信息技术快速发展的条件下，新矛盾新问题每日每时都在出现，党情、国情和世情瞬息万变。客观环境要求我们必须做"精准调研"，充分掌握事物发展变化的来龙去脉。只有精准调研，才能做到对策的"精准发力"。如果调研"走马观花"，做表面文章，其结果只能是"闭着眼睛捉麻雀"，贻误工作，影响事业发展。

2004 年春节，时任浙江省委书记的习近平到浙江嘉兴调研时，深有感触地对当地干部说："我来浙江工作 1 年多时间，到今天已经把全省 11 个市和 90 个县（市、区）都跑遍了，其中有些市县去了多次。"后来，习近平又多次强调，地方发展要与实际相结合，当县委书记要跑遍所有的村，当市委书记要跑遍所有的乡镇，当省委书记要跑遍所有的县区市。关键是要通过调研搞清情况，坚持从实际出发谋划事业和工作，不好高骛远，不脱离实际。

"求准"强调调研必须条分缕析，不可"似是而非"

习近平指出，"准"，就是不仅要全面深入细致地了解实际情况，更要善于分析矛盾、发现问题，透过现象看本质，把握规律性的东西。

顾名思义，调查研究包括调查和研究两个阶段。调查是了解"是什么""怎么样"的阶段，表现为对客观事实的描述，产生对事物的感性认识。研究则是要回答"为什么""所以然"的阶段，是通过科学理性的研究使感性认识上升到理性认识，目的是找到决定事物发展变化的本质规律。所以，要把调研"做准"，必须处理好调查和研究两个环节的关系，"调查结束后一定要进行深入细致的思考，进行一番交换、比较、反复的工作，把零散的认识系统化，把粗浅的认识深刻化，直至找到事物的本质规律，找到解决问题的正确办法。""关键是调查后要善于研究，抓点时要善于管窥全豹，跑面中要能够见微知著，综合提炼。"

"求效"强调调研必须解决问题，不可"隔靴搔痒"

习近平指出，"效"，就是提出解决问题的办法要切实可行，制定的政策措施要有较强的操作性，做到出实招，见实效。

调查研究必须强化"问题意识"，针对问题研究治本之策，努力在切实解决问题上下功夫，在真正化解矛盾上做文章。习近平强调说："衡量调查研究搞得好不好，不是看调查研究的规模有多大、时间有多长，也不是光看调研报告写得怎么样，关键要看调查研究的实效，看调研成果的运用，看能不能把问题解决好。"要紧紧围绕党的路线方针政策和中央重大决策部署贯彻执行，深入研究影响和制约经济社会持续健康发展的突出问题，深入研究人民群众反映强烈的热点难点问题，深入研究党的建设面临的重大理论和实际问题，深入研究事关改革发展稳定大局的重点问题，深入研究当今世界政治经济等领域的重大问题。这样才能使调查

研究工作同中心工作和决策需要紧密结合起来，更好地为党委和政府科学决策服务，为提高党的领导水平和执政水平服务。

恰如习近平在《之江新语》中讲的，每个时代总有属于它自己的问题，这些问题就是我们这个时代的口号，就是时代的声音，也就是我们必须要逐步解决的问题。我们只有立足于时代去倾听这些特定的时代声音，只要科学地认识、准确地把握、正确地解决这些问题，就能够把我们的社会不断推向前进。

〔作者单位：中共吉林省委党校（吉林省行政学院）〕

四、率先垂范

周恩来与调查研究 [*]

费虹寰

2013 年，电影《周恩来的四个昼夜》风靡全国，荣获当年的金鸡奖和华表奖。这部电影讲述的是，周恩来来到河北省武安县伯延公社调查研究，在四个昼夜里同村民们朝夕相处，发生的一连串感人的故事。

1960 年 11 月 3 日，周恩来主持起草了《中共中央关于农村人民公社当前政策问题的紧急指示信》，中央指示至迟在 12 月中旬以前把《紧急指示信》传达到农村中去，使中央的政策直接同群众见面。周恩来强调指出："其中要有意识地在同级党委中找持有不同意见的人参加。"然后再召开生产小队长以上的干部会议，吸收若干社员代表参加。"其中也要有持有不同意见的人参加。"

针对不断发展的形势，在 1961 年 1 月 13 日的中央工作会议上，毛泽东大声疾呼："这些年来，我们的同志调查研究工作不做了。要是不做调查研究工作，只凭想象和估计办事，我们的工作就没有基础。所以，请同志们回去后大兴调查研究之风，一切从实际出发，没有把握就不要下决心。""我希望同志们回去之后，要搞调查研究，把小事撇开，用一部分时间，带几个助手，去调查研究一两个生产队、一两个公社。"

在随后党的八届九中全会上，毛泽东又一次强调要搞调查研

---

* 选自《学习时报》2018 年 2 月 28 日。

究。他说：希望今年这一年，1961 年，成为一个调查年，大兴调查研究之风。会后，毛泽东率先行动，直接领导广东、湖南、浙江三个调查组的调研工作。1 月 19 日，周恩来在中共中央工作会议上发言说：在困难面前，我们不能怨天，也不能尤人，主要应求之于自己。我们在座的各位同志，都应该下决心摸清情况，摸几个典型。只有情况明，才能决心大，才能把工作搞好。还要谦虚谨慎，把情况弄明后再下决心，不能瞎搞。

3 月 13 日，毛泽东专门就开展调查研究问题致信刘少奇、周恩来、陈云、邓小平、彭真，指出："大队内部生产队与生产队之间的平均主义问题，生产队（生产小队）内部人与人之间的平均主义问题，是两个极端严重的大问题。""不亲身调查是不会懂得的，是不能解决这两个重大问题的（别的重大问题也一样），是不能真正地全部地调动群众的积极性的。"

3 月 19 日，周恩来在广州召开的中央工作会议小组会上发言说："要敢于听取不同意见，敢于和不同意见的人讨论问题。调查研究，必须贯彻实事求是精神，各人的认识总是有局限性的，要摆脱局限性、片面性，必须进行比较、综合、分析。要改正缺点错误，必须从深入下层，深入群众，认真进行调查工作入手。"

广州中央工作会议后，中央领导同志陆续带着《农村人民公社工作条例（草案）》，深入基层，征求意见，开展了大规模的调查研究。4 月 28 日至 5 月 14 日，周恩来也带人到河北邯郸地区搞起了调查研究。

关于怎样开展调查研究，周恩来曾做过详细阐述。他说："我们下去调查，必须对事物进行分析、综合和比较。事物总存在内在的矛盾，要分别主次；总有几个侧面，要进行解剖。各人所处的环境总有局限性，要从多方面观察问题；一个人的认识总是有限的，要多听不同的意见，这样才利于综合。事物总是发展的，有进步和落后，有一般和特殊，有真和假，要进行比较，才能看透。下去调查，要敢于正视困难，解决困难……我们下去调查要坚守毛泽东同志的三条原则：从群众中来，到群众中去；集中起来，坚持下去；坚持真理，修正错误。这就是民主集中制，它不但是组织原则，也是工作原则。智慧是从群众中来的，但对群众的意见领导方面还要加工，然后回到群众中去考验，在这基础上再加工。脱离我们的基本阶级群众，就会丧失党的基础。尾巴主义，随着群众跑，就会放弃党的领导。目前的毛病，还是我们发号施令太多，走群众路线太少。"

根据周恩来的安排，1961 年 4 月初，总理办公室副主任许明带领一个工作组，先期到河北邯郸地区开展工作，共 20 天。4 月 28 日午夜，周恩来放下手中的繁重政务，也前往邯郸亲自调查。此后一连 3 天，他在邯郸听取了地委书记庞均、工作组许明和河北省省长刘子厚的汇报。5 月 2 日返回北京处理要务后，3 日凌晨又赴邯郸。

这一次，他来到武安县伯延公社进行深入调查，走访了几十户社员家庭，视察了生产队的公共食堂，还到公社商店了解商品价格。他走乡串户，看见社员家中"除了树叶、咸菜、野菜以外，就没有东西了，硬是没有存粮"，感到十分震惊。

在伯延公社的一次座谈会上，一个叫张二廷的社员直言不讳地对周恩来说："这两年生活一年不如一年。""如果再这样下去两年，连你也会没有吃的。""因为我们当然首先要顾自己，你们征购不到，还不是没有吃的？"周恩来后来说："这句话对我教育很大，我很受感动。当时在场的地委干部听了以后，说这个人是个落后分子。我跟他们解释：这样看不对，这个社员说的是真理，一个农民把我们看作他自己的人才会说这样的话，这是一针见血的话。"座谈后周恩来来到张二廷的家，张二廷又向周恩来如实反映了伯延公社遭灾情况和公共食堂等方面存在的问题，并希望周恩来以后还能来伯延。周恩来表示，有机会一定来，如果自己来不了，也一定会派人来。在"文化大革命"前，周恩来每年都派人到伯延去，代他看望这位农民朋友。

在伯延调查过程中，周恩来发现社员最担心多征购粮食和挤掉他们的自留地，便当着地委、县委、社委负责人的面，保证不收回分掉的自留地、不再以自留地顶口粮指标。通过认真深入的调查，周恩来掌握了大量第一手情况。5月7日他向毛泽东汇报了调查情况，谈了四点看法：第一，食堂问题。绝大多数甚至于全体社员包括妇女和单身汉在内都愿意回家做饭。目前主要解决如何解散食堂和社员回家后如何做饭的问题。第二，社员不赞成供给制，只赞成把"五保户"包下来和照顾困难户的办法。第三，社员迫切要求恢复高级社时的评工记分办法。包产到队、以产定分、包活到组的办法能够真正实现多劳多得，提高农民的生产积极性，势在必行。第四，邯郸专区旱灾严重，麦收减产。目前最主要的问题是恢复社员的体力和恢复畜力问题。在此期间，毛泽东还收到其他领导人从各地发来的调查报告，普遍不赞成办公共食堂，不赞成在分配上实行供给制。

当年5月21日至6月12日，中共中央讨论并修改了《农村人民公社工作条例（草案）》，形成修正草案。其中，最重要的修改：一是取消供给制；二是规定办不办食堂，"完全由社员讨论决定"，实际上取消了公共食堂制度，为国民经济调整开了个好头。

在中央工作会议上，周恩来谈了自己的体会。他说：庐山会议以来，由于我们缺乏分析，而把"反右倾"和工作上的问题混淆起来，更重要的是没有实事求是，所以尽管想搞好一点，结果却是适得其反。在分配上的平均主义，劳动关系上的命令主义，上层建筑上的规章制度一般化、简单化，认识上的主观片面性，作风上的"五风"问题，有些问题在理论上也说不通。为什么会产生这些问题呢？周恩来说："那时，就是有点革命，不能深思熟虑，不能冷静下来。""欲速则不达，跌了大跤。"刘少奇在一旁插话说："看来，搞社会主义光有好的道德、好的感情、好的干劲不行，还要适应客观规律。这一跤是要跌的，跌得越痛越好，跌得不痛就感受不深。"

◇ 1961 年四五月间，周恩来到河北邯郸地区搞调查研究。

　　周恩来主持的邯郸调查和其他领导人主持的调查研究，促使中央逐步纠正了前一阶段一些错误的判断和决定，制定出一些符合实际情况的政策，从而为贯彻执行国民经济调整的方针，克服严重的经济困难，创造了重要条件。中央领导同志带头深入实际调查研究，不仅使党的决策更加贴近实际，而且对推动全党调查研究之风的兴起，产生了重要影响。

　　前事不忘，后事之师。2017 年 12 月 25 日至 26 日，习近平总书记在中央政治局民主生活会上指出："要在全党大兴调查研究之风，推动党中央大政方针和决策部署在基层落地生根。""中央政治局的同志要拜人民为师，向人民学习，放下架子、扑下身子，接地气、通下情。'身入'更要'心至',开展深入细致的调查研究,抓住老百姓最急最忧最怨的问题,解决好群众最关心最直接最现实的利益问题,真正把功夫下到察实情、出实招、办实事、求实效上。中央政治局的同志要以身作则,推动各级干部动起来、深下去,使调查研究在全党蔚然成风。"

（作者为中共中央党史和文献研究院第二研究部副主任,一级巡视员）

百分之九十与百分之十——
陈云处理调查研究与决策关系的方法*

曹应旺

　　陈云做财经工作的一个重要方法是调查研究。他每解决一个重要的财政经济问题，每作出一个重大的经济决策，事前都有一个深入细致的调查研究的过程。他注重调查研究，在党内是出了名的，给毛泽东也留下了极深的印象。1962 年七千人大会上，毛泽东夸奖陈云懂经济，"他的方法是调查研究"。

　　抗日战争在延安、解放战争在东北时，陈云就已经养成了调查研究的方法。

　　创立北满根据地，局面异常复杂。陈云担任中共北满分局书记，绝大部分时间用在调查研究上，摸清情况之后，再深思熟虑进行决策。他曾对身边工作人员说：你们看到我整天忙于找人谈话、开会、了解情况、处理一般文件与日常工作时，我并不累，因为那只是在实践中加深对事物的认识，还来不及对重大问题作全面、系统的分析；当你们看到我静下来了，既不找人谈话、开会、了解情况，也不处理一般文件与具体工作，而是一个人呆在这里，关起门来，总是走来走去的时候，才是最累的时候，因为那是在重大问题上集中精力对调查所得（包括集体研究的成果）作全面、系统的思考，是要花力气、下功夫、全神贯注的。

---

* 选自《中国发展观察》2005 年第 5 期。

在坚持南满根据地的艰苦斗争中，陈云担任中共南满分局书记。他回忆主持陕甘宁和晋绥边区财经工作时说："我在延安时从枣园出来后到财办工作，如果要我明天作报告，当天晚上还忙于搜集资料，以了解情况。不忙于决定对策，而首先了解情况，这才不是本末倒置。"针对当时有些同志对坚持南满斗争认识上的片面性在决策上犯错误的情况，陈云说："我认为我们做工作，应当把百分之九十九的力量用在了解情况上。情况了解清楚了，就可以正确地决定对策。""要做到实事求是，就要从具体分析实际情况中找出对策。人之所以犯错误，都是由于不了解实际情况就匆忙地决定对策，主观与客观相脱离。"

由此观之，30 年代和 40 年代，陈云在开始形成"不唯上、不唯书、只唯实，交换、比较、反复"的思想方法的同时，也逐渐形成了先调查研究后进行决策的工作方法。

新中国成立后，结合财经工作的实践活动，陈云对调查研究与决策的关系有了更深刻的认识，作了更充分的论述。

对资本主义工商业的社会主义改造基本完成之后，如何改进商业工作，成为影响经济全局的一个大问题。为此，陈云向商业工作者提出了调查研究的任务。他说："我们做工作，要用百分之九十以上的时间研究情况，用不到百分之十的时间决定政策。所有正确的政策，都是根据对实际情况的科学分析而来的。有的同志却反过来，天天忙于决定这个，决定那个，很少调查研究实际情况。这种工作方法必须改变。要看到，片面性总是来自忙于决定政策而不研究实际情况。"不久，他又指出："重要的是要把实际看完全，把情况弄清楚。其次是决定政策，解决问题。难在弄清情况，不在决定政策。只要弄清了情况，不难决定政策。我们应该用百分之九十以上的时间去弄清情况，用不到百分之十的时间来决定政策。这样决定的政策，才有基础。比如，要解决猪肉供应紧张和猪的增产问题，若不管饲料、猪仔的来源，不管价格高低，不管群众愿意不愿意饲养，而是临时乱抓办法，那就永远也做不好这一工作。"这些话虽是对商业工作者说的，但却具有普遍的方法论意义。

◇ 1958 年 6 月，陈云在兰州市郊桃林农业生产合作社视察。

60 年代初，为解决严重的经济困难问题，全党大兴调查研究之风。此时，陈云再一次指出："领导机关制定政策，要用百分之九十以上的时间作调查研究工作，最后讨论作决定用不到百分之十的时间就够了。"他解释实事求是，"实事，就是要弄清楚实际情况；求是，就是要求根据研究所得的结果，拿出正确的决策。"他还探讨了怎样调查研究的问题。他说："调查研究有各种各样的方法，找有各种不同看法的人交换意见，也是一种方法，而且是一种重要的方法。"

80 年代后期和 90 年代初，陈云多次向中央领导和地方领导传授调查研究的方法，强调调查研究很需要。他建议"中央书记处讨论决定重大问题时，事先要调查研究，要准备好方案，而且要准备两个方案，不要只准备一个方案。"对怎样搞调查研究，他总结说："搞调查研究有两种方法：一种是亲自率工作组或派工作组下乡、下厂，这当然是十分重要的；另一种是每个高中级领导干部都有敢讲真话的知心朋友和身边工作人员，通过他们可以经常听到基层干部、群众的呼声。后一种调查研究，有'真、快、广'的特点。所谓真，就是他们敢于反映真实情况，敢讲心里话。因为他们信得过你，知道你不会整他们。我就有这样一些朋友。所谓快，就是当问题处于萌芽状态时，就能够及时发现。所谓广，就是全国各省市各行各业，都有许多高中级干部（包括离休、退休的）。在某种意义上讲，后一种调查研究比前一种调查研究更重要一些。两种调查研究都有必要，缺一不可。"为了搞好后一种调查研究，他希望领导干部"要在各行各业广交知心朋友"。

从上述所论中可以看出，首先，陈云指出了调查研究与制定政策之间的本质联系。调查研究在先，制定政策在后；调查研究是制定政策的基础：只有经过调查研究，掌握了全面的实际情况，才能作出科学的决策，制定出正确的行之有效的政策。

其次，陈云指出了调查研究与制定政策之间量的关系。领导者要用百分之九十以上的时间花在调查研究掌握实际情况上，而用不到百分之十的时间作决策、制定政策。

第三，陈云指出了调查研究的方法。这个方法概括起来就是要向敢于向你讲真话的人调查研究，以求掌握真实情况。

陈云主持全国财经工作期间，留下了许许多多感人的调查研究的事例。

他常派自己熟悉的同志下去调查。1952 年暑假，陈云嘱咐北京师范大学附中的一位学生利用回家之便，调查一下青浦小蒸乡的农民情况。这位学生回家后经过调查写出一份书面材料，反映

青浦小蒸乡由于接连三年农作物歉收、征粮比例过高和人多地少，农民生活普遍困难。陈云得到这个材料后报送毛泽东。第二天，毛泽东批转中共中央华东局第三书记谭震林："陈云同志所得青浦县小蒸乡的情况，很值得注意，兹寄上请阅，并请抄寄苏南区党委。"毛泽东还建议由谭震林派出两个调查组分别往浙江、苏南，直到几个县的乡村，专门调查农民公粮及其他负担的实情，然后由华东局召集两区负责人会议，切实解决农民负担太重问题。

1960年秋冬，陈云到冀、鲁、豫、皖、苏、沪、浙跑了三个月。他在安徽合肥、芜湖考察时还派随行的国家计委干部王耕今和他的秘书周太和到阜阳农村调查，了解灾情。据王耕今回忆："我和周太和到了阜阳找不到人，行路都困难，想在农村吃顿早饭，找了几个村都说负责人不在，最后在一个村才找到了几块白薯和一点青菜，吃了一餐早饭，这还是比较好的村招待北京来客的好饭哩。荒凉的样子渗透到各个方面。我们到南京向陈云汇报了阜阳农村困难的情况。"陈云经过三个月黄淮海地区和浙江、上海的考察，加上王耕今、周太和反映的安徽阜阳情况，使他对当时人民生活困难的局面和经济失衡的严重性，对经济调整的必要性和紧迫性，有着一般人所难以达到的认识。正因为如此，他回京后提出了进口粮食的建议并为中央所采纳。

他也常找能讲真话的可靠人士上来面谈。据周太和回忆："陈云同志一九五二年八月从赴莫斯科与苏联商谈关于我国第一个五年计划发展问题归国以后，在紧张的布置工业基本建设的同时，急于了解我国农业生产情况和发展问题。因为这是编制和执行一五计划的两个关键问题。陈云同志于一九五二年十月初，请曾在一九二七年一起搞农民运动的老战友陆铨同志从青浦县找两位当时在大革命失败后表现较好，敢于说实话的农民来京谈话。经过地方组织审定，介绍了两位农民，一名曹象波（贫农）、一名曹兴达（下中农）来京面谈。使他了解了一九二七年农民运动失败后组织受摧残、战友遭杀戮的情况以及土改前后农村的变化。两位农民说：土改后，地主被打倒了，农民翻身作了主人，每人分了地，有了积极性，农业生产开始恢复，农民有了奔头，并谈了很多苏南农村的情况和问题。在几次谈话中，陈云同志问他们，新中国建立，农村土改以后，农民认为有哪几条好处？有哪几条坏处？"两位农民坦诚相告，认为满意的有五条，不满意的有三条。"陈云同志赞赏他们直言不讳，并告诉这两位老乡，要他们回去转告亲友，中国劳动人民站起来了，不要怕地主反攻倒算，全国都已解放了，要大家安心生产。还请他们转告区、乡干部，认真组织大家修补农田水利，多种红花草，培养地力。这一次陈云同志特别约定这两位农民为今后他了解农村变化的长期联系人，后来进行过多次交往和面谈。"

为掌握第一手材料，陈云更多的是自己下去身临其境，调查研究。1949年7月到8月，为解决当时财政经济的严重困难，陈云到上海主持财经会议并进行了一个多月的调查研究。特别是与上海各界代表人物接触，交流意见，了解情况，探讨了发行公债的可行性，为1950年初全国范围内发行公债提供了重要的认识基础。毛泽东称赞"陈云此次找各界人物谈话"的做法，要求各级领导人像陈云在上海那样多和党外各界人士接触，"探听各界气候，将具体问题向他们请教及交换意见，而不是泛泛的交际性的接触"。

新中国成立之后，财经工作的许多情况需要掌握。从1949年11月至1950年2月，经陈云组织和部署，中财委所管各部相继召开了20多个专业会议。陈云说："这三个月会议使我们头脑开始清楚。"这些专业会议实际上是一次系统的调查研究，初步摸清了全国农业、工业、铁路交通、财政金融贸易的情况。

在稳定物价、统一财经的紧张战斗中，陈云总是挤时间到北京王府井大街、前门大街、东单菜市场、天桥市场等地方作调查，看日用百货、蔬菜、肉等的供应情况和物价变化动态，听取群众的意见，并从中研究带全国性的问题。据杨波回忆："一九五〇年春节前后，有一天下午下班后我在陈云同志办公室与他的秘书闲谈，忽然接到陈云同志家里的工作人员打来一个电话，问陈云同志怎么还没有回家吃晚饭，我们说早走了，工作人员问到哪里去了，我们说只知道他回家了，不知道到别的什么地方去。这一情况使得我们和陈云同志家里的工作人员都有点紧张，担心出什么事。第二天我得知，前一天陈云同志离开办公室以后，没有直接回家，而是让司机同志把车子开到了前门大街，到大栅栏去看市场、察行情去了。"

为了解商业情况，摸索如何开展经济建设的准备工作，1951年3月。陈云率领中财委一班人马到中国腹地的交通和流通中心武汉调查研究。他在汉口跑百货公司，向经理询问情况，发现有80%以上的轻工业品是上海制造的，只有两类商品例外，一个是汉口的皮革，另一个景德镇的瓷器。他在那里摸清了市场上的商品是从哪里来到哪里去的，人民需要哪些工业品，还摸清了交通运输对商品流通的影响。他在那里了解到"砖瓦业为第一好行"，由此认识到规范基本建设工作刻不容缓。在武汉调查中，武汉市市长吴德峰向陈云诉苦："自来水也被中南拿走，统一的太多了。"这些调查研究，对陈云进行发挥地方积极性、规范基本建设工作、发展城乡交流等决策产生了重要影响。

粮食统购统销之后，一些地方出现了国家跟农民的关系紧张和粮食形势严峻的问题。陈云于1955年1月、5月两次到他的家乡青浦县调查研究。这两次江南之行形成了粮食定产、定购、定销的思路。找到了坚持和改进粮食统购统销的具体办法。同时对与粮食统购统销密切相关的市场问题和农业问题的调查研究及其对策的提出，对稳定市场，发展农业，促进工业化建设亦产生了积极的影响。

60 年代初的严重经济困难中，为化解危局、走出困境，陈云进行了一系列调查研究的活动，继 1960 年秋冬三个月的冀、鲁、豫、皖、苏、沪、浙之行，1961 年三四月份他又在北京、杭州、南京多次召开座谈会，调查研究加速发展化肥工业的具体办法。正是这些调查研究活动，使他对农业困难、粮食紧张、经济失衡的情况了解得比较透，并对如何调整初步提出了进口粮食、动员城市人口下乡、工业支援农业（包括增产化肥、排灌机械、拖拉机、胶轮车）等具体办法。1961 年下半年，陈云又进行了有重要意义的青浦农村调查与煤炭工业、冶金工业调查。晚年陈云在回忆青浦农村调查时说："一九六一年六七月间，我在青浦县小蒸公社搞调查，住了半个月。这里是我一九二七年搞过农民运动的地方，解放后也常有联系，当地的干部、群众能够同我讲真话。当时在养猪问题上已经确定实行'公私并举、私养为主'的方针，但对母猪是公养还是私养，并没有明确规定，而这是关系到养猪事业能否迅速恢复和发展的一个重要问题。小蒸公社当时有十五个养猪场，我去看了十个，还看了农民私养的猪，并召开了几次座谈会之后，感到私养母猪比公养母猪养得好。私养母猪喂食喂得好，有的甚至喂泥鳅，猪圈也干净，产苗猪多，苗猪成活率高。公养母猪喂食不分大小、强弱，像开'大锅饭'，猪圈脏得很，母猪流产多，苗猪成活率低。通过这次调查，得出一个结论，就是大部分母猪也应该下放给农民私养。"10 月至 12 月。陈云先后主持了 20 天煤炭工作座谈会和 12 次冶金工业座谈会，对煤炭工业和冶金工业进行了一次系统而深入的调查研究，初步摸清了煤炭工业和冶金工业的具体情况。在此基础上，形成了如何解决煤炭工业和冶金工业中的问题的意见。

"调查就像'十月怀胎'，解决问题就像'一朝分娩'"。这是毛泽东在革命战争时期形成的注重调查研究的思想方法。建设时期，陈云提出"要用百分之九十以上的时间研究情况，用不到百分之十的时间决定政策"，以及在财经工作实践中鲜活地运用，丰富和发展了毛泽东调查研究的思想方法。

（作者为中共中央党史和文献研究院研究员）

尽量获得可靠的调查材料——
张闻天与调查研究 *

林宁

1942 年 2 月 28 日至 1943 年 1 月 15 日，时任中共中央政治局委员、书记处书记的张闻天率领新组建的延安农村工作调查团，深入陕北、晋西北农村基层开展蹲点调查研究，形成了一批学术价值高、对当时我们党施政有重要意义的调研成果。张闻天的调查研究经验仍然值得当今的领导干部学习，从中得到有益的启示。

1943 年 3 月 27 日，张闻天以《出发归来记》为题向中央报告了此前晋陕调研的切身体会，其中重点对调研方法的经验进行总结提炼，突出强调为保证调研质量，调研者必须对调查材料的可靠性持高度负责任的态度，要尽量获得可靠的调查材料。

"只有亲自动手得来的材料，才是比较可靠的"

张闻天主张调研者要同当地党、政、军、民机关取得联系，得到他们的帮助，但应该完全独立自主地做工作，不要依赖他们。认为"只有亲自动手得来的材料，才是比较可靠的。别人的材料，只能当做参考"。按常理，到一个地方调研，当然要重视当地机关

---

* 选自《学习时报》2018 年 7 月 9 日。

提供的相关材料。而处于中央领导位置、阅看过大量地方上报材料的经验使张闻天意识到，当时地方机关干部整理材料、机关领导审查材料时确实存在主观主义、形式主义、党八股等不正之风，这就大大降低了地方机关所提供材料的可靠性，不能完全实用，只配参考。

◇ 1958 年 10 月，张闻天在长春第一汽车制造厂参观。

在晋西北兴县调研期间，张闻天严肃批评了当地机关整理基层上报材料时所犯的主观主义、形式主义错误。他说："得到一点数目字，就拿到上面去交差，但实际情形如何则不去过问"，"须知根据实际来的数目字才科学，形式上的数目字不可靠。"延安农村工作调查团成员马洪回忆："闻天同志认为调查不能仅仅依靠政权机关反映的情况。记得有这样一个例子，1942 年春在晋西北兴县调查时，正遇上春耕，突击种棉。政府号召大家三天之内把棉花种好，还往下发了一张表，了解各户种了多少棉花。但结果棉花还没有种，下面表就已经填好了。可见只从政府机关那里了解材料是很不可靠的。"

张闻天特别强调的亲自动手，就是亲自接触实际、接触群众的调查研究。在陕北神府县直属乡调研期间，他就住在贺家川自然村，亲自负责调查这个点，村里几乎每一家都去过，与每一家户主都谈过话并亲自做好记录。

"关于过去历史材料，以书面材料较为可靠"

1941 年 8 月，毛泽东起草下发的《中共中央关于调查研究的决定》中，列举了七条"关于收集材料的方法"，其中有一条是"收集县志、府志、省志、家谱，加以研究"。县志、府志、省志、家谱都是书面历史材料，说明了毛泽东对调查这类历史材料的重视。张闻天从可靠性角度加深了对书面历史材料的理解，认为固化的书面历史材料比口述的历史材料更为可靠。他指出，"关于过去历史材料，平常人不易记忆清楚，以书面材料较为可靠"，农村调查要尽量搜集如各种账簿、契约、分家单、收条、收据、家谱、碑记等书面历史材料。

当时处于革命战争时期，村里、户里保存的书面历史材料损毁散失严重，搜集着实不易。在调查陕北米脂县杨家沟这个典型的地主村时，得知村里最大的一家地主马维新保存着自清朝道光二十五年（1845 年）至当年近百年的大量买地、典地、收债、雇工、经商和日常生活收支等各种账簿，足足堆满好几间房，张闻天如获至宝。他住在马维新家，把那些账簿全部借过来，不分白天黑夜，一本一本亲自翻阅，并叫调查团的成员一起帮忙整理、统计和抄录，一忙就是几十天。在张闻天的指导和把关下，调查团以这些账簿为主要调查材料，顺利写成了《杨家沟调查》。因为材料翔实可靠，《杨家沟调查》成为后来国内外研究中国封建地主经济极为珍贵的历史文献，有"东方《资本论》"之称。张闻天曾风趣地说：马克思在伦敦大英博物馆里算资本家的"账本子"，写了《资本论》，我们想弄明白中国的经济，也不能不研究马太爷的"账本子"啊！

除了马太爷的"账本子"，张闻天他们还尽量搜集其他地主的"账本子"、米脂县志、碑记等书面历史材料。在调查杨家沟一带从清光绪年（1875年）至1942年的历史年成时，他们在米脂县志中搜集到一些材料："1877年及1891年、1892年均为大荒年。"他们还找到了杨家沟马祝舆"功德碑"，碑上记载有1877年、1899年、1900年及1902年上半年发生天灾闹荒的事实。这些可靠的书面历史材料，全部被写进了调查报告。

"可靠的材料，是要经过几次三番的调查才能得来的"

张闻天告诫调研者"决不要相信，初次调查来的材料就是可靠的；应该相信，初次调查来的材料常常有很多不可靠的。可靠的材料，是要经过几次三番调查才能得来的"。所谓的"初次调查"，是指第一步开展的个别谈话和开调查会这两种谈话式调查。为有效提高初次调查来的材料的可靠性，张闻天指出调研者必须从两方面下功夫跟进再调查。

一是初次调查来的材料中，如能经过实际验证的必须花一定的时间再去作实际调查，不能走马观花。实际验证又分实地考察和生活体验，张闻天说："熟悉一个地方的情形，不但需要问话，而且需要一定时间的考察与体验。"

马洪回忆，张闻天很重视实地考察，同人了解情况之后，他总是要去实地亲自看一看，实际情况是不是这样一回事。在神府县调查时，对农户反映村里的水利工程失修、打水的风车搁置不用等问题，张闻天专门抽出时间进行了实地考察。后来，他把实地考察的结果写进了《陕甘宁边区神府县直属乡八个自然村的调查》报告里："路家南旯的两个风车，现在均搁着不用，贾家沟也有两个风车未用。如贺家川、孟家沟、贾家沟的大部分水利，现在均已失修了。"

对于生活体验，张闻天要求调研者要"多从生活中去观察，去体验"。他住在村里，特别注意观察村民吃穿住用行等生活细节，并将这些生活细节作为调查材料如实写进了调查日记。比如"阴历民间纪念日老百姓家吃什么"这样一个生活细节，在他的调查日记中就有较多记载，如"今天为阴历四月十五日，老百姓家吃的好些。留保家吃了二斤莜面（4元法币）、一斤豆腐。意义说是纪念兴县城的水神殿"，"今天为阴历七月十五日，七月节，老百姓均吃肉，吃馍祭祖先"，等等。

二是在调查地及时整理并熟悉初次调查来的材料，发现不清楚、有矛盾的要提出质疑，必须在当地进行再次甚至多次调查补正、校正，要不怕麻烦。在神府县调查期间，张闻天在审查一个调查小组整理出的初次调查材料中关于两个自然村去年平均土地生产量时，发现测算出的结果比土地革命前要低不少，他就向调查组一连提出几个疑问："低了原因何在？租地是否即劣地？现在产量是否交公粮关系少报？是否阶级定错了？调查人数不够？"要求调查组再作一些深入调查研究。后来，张闻天在调查报告"关于每垧土地的生产量"一节中也指出了调查人员初次调查得来的数字"一般的说来，切不大可靠"，并把经过再次调查校正过的数字作为研究依据。

习仲勋调查研究思想与实践 *

王晓荣　岳国芳

　　调查研究是贯彻党的思想路线和群众路线的中心环节，也是领导干部必须练就的一项基本功。习仲勋在长期的领导活动中坚持调查研究工作，就调查研究的重要地位、基本态度、方针原则和方法思路等问题做了很多探索，形成了内容丰富的调查研究思想与实践。

一、一切决策都要事先调查研究

　　"政策和策略是党的生命"，领导工作的主要内容就是制定政策。正确决策要以正确认识客观情况为前提，而调查研究则是获取这种正确认识的最基本途径，因而成为领导机关和领导干部决定政策时的应尽之务。习仲勋在领导工作中，非常重视制定决策与调查研究之间的关系，他多次指出："要拿出一定时间到一个地方去……到那个地方，首先要进行实地调查。调查是为了什么？为了决定政策，为了解决那个地方的实际问题。"领导干部在提出设想、决定政策时，"必须切实反映群众要求，切实反映客观实际"，"一切决定都要事先调查研究，不能凭主观推断臆想"；决策

---

* 选自《理论探索》2014 年第 2 期。

工作要切忌"先入为主","绝不能未调查，未研究，在主观上首先对于某一方面，就存有了一种成见。"

调查研究是正确决策的前提和基础，习仲勋是这么倡导的，也是这么身体力行的。

早在陕甘边革命根据地的照金时期，习仲勋就"一村一村做调查研究，一家一户做群众工作，相继组织起农会、贫农团、赤卫队和游击队"。他和金理科、周冬至等陕甘边根据地的负责人经常深入山寨，吃住在群众家中，访贫问苦，调查研究，进行发动组织群众的工作，掀起了根据地土地革命斗争高潮。在南梁时期，担任苏维埃政府主席的习仲勋，带领各部门负责人在对当地情况作深入调研的基础上，制定了涵盖土地、财经粮食、军事、社会、文化教育等方面的基本政策，以及如何对待民团、土匪、白军俘虏和乡绅、知识分子等具体政策，使根据地的群众动员、政权建设和土地改革等工作有序开展。

新中国成立之初主政西北时期，习仲勋根据对西北多民族特点的调研分析，提出了"稳进慎重"、和平解决民族宗教地区复杂问题的方针，以及关于土匪、叛乱、土改等问题的一系列正确政策和策略，极大地推动了西北地区的民族团结和社会发展。1961年，面对严峻的困难形势，全党掀起了调查研究的热潮，时任国务院副总理兼秘书长的习仲勋，带领中央调查组赴河南省长葛县进行了五个月的实地考察，并把反映农村生产生活困难和农民迫切愿望的调研报告送达中共中央，其中包括群众要求停办食堂、贯彻按劳分配、保障生产队权利、农民劳动保护和改善农村干部作风等内容，为党中央纠正共产风、浮夸风等错误，解决群众反映强烈的问题，正确调整农业政策提供了客观依据。改革开放之初，习仲勋主政广东，上任伊始就针对群体性偷渡逃港等棘手问题展开多次调研，在广泛听取群众呼声、吸收地方干部意见的基础上，形成了在广东采取特殊政策、发挥优势的发展思路和相关

政策措施。

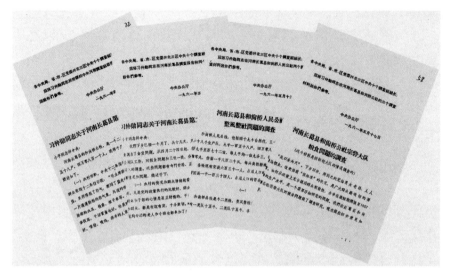

◇ 1961 年 4 月至 5 月间，习仲勋带领工作组到河南省长葛县进行调研，在调查中，习仲勋就人民公社和农村食堂存在的问题向中央作了汇报。上图为中央办公厅转发的习仲勋调研报告。

二、走出机关深入基层

调查研究是贯彻党的群众路线、密切联系群众的基本途径，而深入基层、置身于群众之中则是调查研究工作能够顺利开展的前提条件。

一方面，习仲勋认为，领导干部要经常深入基层，到实际工作中发现问题、解决问题。在主政西北和广东时期，习仲勋都曾大兴调查研究之风，坚决反对领导干部光靠坐在机关里开会、听报告来指导工作，他常常对各部门的干部说："老待在机关里，不下去，就无法了解实际情况，人民群众的呼声和疾苦就往往不知道，下面同志的呼声也反映不上来。坐在机关里做决定，往往是主观主义的。"他要求精简机关会议和文件，"尽可能走出办公室，跳出文件堆，摆脱事务，到工人农民中去。脑子里原来什么都没有，只是'加工厂'，离开客观实际搞不出什么东西来。"他还从真理标准的高度来强调深入基层调查研究的重要性，认为一切设想、决议和办法是否正确，"光在机关、会议里争论，是不能真正统一起来的"，而必须到实践中去调查研究，放在实践的考场辨明是非。"各级领导干部多接触实际，了解下情，多找一些同志谈谈，好处很多。"习仲勋自己在广东工作两年多的时间里，曾深入粤东三区、粤西粤北 20 多个县进行广泛调研，问计于地方干部群众，足迹遍及南粤大地。在韶关地区调研时，每到一地，他都深入基层，工作很深入，很细致，每天工作都在 12 小时以上，往往听汇报、研究工作到深夜 12 点，甚至到第二天凌晨一两点，为各地干部树立了很好的榜样。

另一方面，习仲勋也强调，领导干部下基层调研是为了掌握真实情况，为此，不仅要听下级干部的情况介绍和工作汇报，同时也要"到群众中去听取意见"，这就要求必须去掉官架子深入群众，使群众把你当自己人说出真心话。首先要反对形式主义、官僚主义，干部出外考察一定要轻车简从，不要动辄鸣警笛、挥警旗，因为"我们是来给老百姓办事的，不能给群众添麻烦"！其次，只有放下官架子置身于群众之中，"群众才会把你当成自己人，当成知己，才会向你说出真心话。否则，群众把你当成领导、当成做官的，那你就什么也了解不到了。"再次，领导干部在下基层调研时，跟群众讲话也要放下官僚架子，"给农民讲话，要深入浅出，要让农民听懂，不要打官腔"。习仲勋强调这些，实际上体现了调查研究的实质就是走群众路线的思想，他要求领导干部在调查研究时不仅要身在基层，而且要心系群众，怀着对人民群众的深厚感情和强烈责任来了解和反映真实情况。

三、调研过程要务求实效

首先是明确调查研究的主题。习仲勋认为，调查研究工作要改变方式，不要大轰大嗡，队伍要精干，人多了不好办事，尤其是开展调研活动要目标明确、主题集中，提纲内容不要宽泛。1943年，习仲勋在绥德地区郝家桥村考察期间，将地方干部和新闻记者等调查组人员以自然村为单位分成小组，包村负责，确定各小组调查的重点内容。他要求各小组在普遍调查的基础上，各选择生活状况和生产条件不同的上、中、下各两个农户进行调查研究。可以说，主题是调研活动的灵魂，因为主题明确有利于抓住事物的主要矛盾，准确把握问题实质，以提高调研工作的实效性。

其次，调查研究要做好上下沟通的工作，以实现中央的原话（政策）——自己的语言——群众的语言之间的转化和衔接。一方面，吃透中央的方针政策当然很重要，另一方面也要摸清下面的实际情况，并将上面政策与下面情况相结合，转变为让普通老百姓听的清楚、看的明白、做的情愿的新决策。这是因为，"无论什么问题，自己想通了，不要以为老百姓也想通了。在农村里，就有这样一个特点，老百姓他亲身体验过了，才能心甘情愿地去执行。否则，不会高兴参加这些活动的。"

再次，调查研究要"多走冷门"，就是要到群众最需要的地方，了解和把握群众情绪，切实解决群众的急迫问题。习仲勋认为，在调查研究工作中，调查和研究两者缺一不可，如果"调查来调查去，材料一大堆，就是不解决实际问题，我看这样的调查不必要，毫无价值"。调查研究的目的往往是为了解决问题，只有对调查材料和感性见闻进行综合性研究，才能更接近问题的实质，

有助于寻求解决问题的对策。1985 年，习仲勋带领考察组到江西
老区的井冈山、宁冈、遂川、兴国、瑞金、广昌、南城等地进行
调研，他要求当地领导人如实汇报情况，不掩盖问题，不回避矛
盾，以真正弄清老区贫困的情况、原因以及解决办法。他拒绝到
事先安排好的地方去考察，而是直接深入贫困农户了解情况，并
与当地干部群众一起研究了特困户脱贫办法，提出了抓紧治理荒
山、充分利用水面、办好技术开发中心，发展外引内联等一系列
推动老区经济发展的具体措施。

◇ 1985 年 11 月，习仲勋（左一）在江西革命老区考察慰问。左二为江西省委书记
万绍芬。

　　最后，在调查研究中了解政策执行情况，注意倾向性问题，
及时发现和纠正。抗战时期，为了了解中央土地政策的执行情况，
习仲勋在关中地区深入调研，针对初露端倪的土地纠纷和租佃方
面的问题，根据边区法令制度并结合关中实际制定颁布了《关中

调整土地暂行办法》，其中规定："土地经过分配过的地区，基本政策是保护农民既得利益，对地主则分给可保障自立自给的必需土地以事耕种并保证生活；土地分配不彻底的地区，基本政策是保障农民既得利益、地权为农民所有，并兼顾地主生活；三年未收租地区，地权也为农民所有。"这一办法的执行，既兼顾了农民和地主的利益，也巩固了土地革命的成果。在指导绥德地区的整风审干运动中，他发现审干过程中的偏差并及时扭转方向矫正错误。主持西北局工作时，他在基层调研农业生产工作中，"及早纠正了一味强调粮食生产，忽视植棉，影响群众穿衣的问题"。特别是在解放战争时期的土地改革热潮中，习仲勋在对绥德、子洲等地土地改革情况的调研中，发现运动中存在着干部群众过火斗争的倾向且有蔓延之势，就及时向中央报告并提出正确建议，对中央准确把握运动发展趋势、及时纠正苗头性问题极具预见性。

四、总结和推广典型经验

所谓典型，一般是指具有代表性的人物和事件，往往反映着事物发展和社会进步的方向，因而具有研究价值。习仲勋在调查研究中很注意观察和捕捉一些局部地区和领域的创新尝试和成功经验，通过对典型经验的培养、总结和研究，寻找解决同类问题的普遍规律，然后在更高的层面上进行推广，从而发挥其以点带面的作用。

抗战时期，由于国民党的经济封锁以及大量难民涌入等原因，关中地区遇到严重经济困难，阳坡头区雷庄村的行政村长、共产党员张清益于1939年发动本村群众首办义仓以调剂生产生活。时任关中地委书记的习仲勋在检查分区大生产过程中，对这种办义仓粮、开义仓田的做法予以赞赏并在全分区范围内推广，成效非常显著。之后习仲勋又向陕甘宁边区政府作了汇报，引起边区政府的高度重视，使这一做法作为典型经验在整个边区推广开来，一直延至解放战争开始，对促进边区经济发展、改善人民生活、增强抗灾能力起了重要作用。习仲勋在调研中还发现和培养了一批劳动模范和生产英雄，除义仓创办人张清益外，还有开荒英雄汪庭有、劳动先进李学义、移民英雄冯云鹏等等。这些先进典型受到了边区政府的表彰，其模范事迹还被《解放日报》宣传报道，对调动边区群众的劳动积极性产生了很大影响。

在担任绥德地委书记时期，为推动大生产运动，习仲勋在对绥德分区情况做全面分析后，确定以沙滩坪区的郝家桥村为典型，带领调查组进行了为期一个月的蹲点调查，在此基础上总结出郝家桥村经验，其中包括以该村村民刘玉厚为代表的改进耕作方法、促进生产发展的经验，组织移民南下的经验，改造二流子的经验，以及实行变工互助、精耕细作的经验等。随后将这一经验在绥德地区以至陕甘宁边区广泛传播，对树立自力更生、勤劳致富的社会新风尚起到了很大的示范和推动作用。为了指导边区群众的文化教育工作，习仲勋在对子洲县周家圪崂办冬学情况进行专题调研的基础上，系统总结并推广了其成功经验，他在《解放日报》发表的《开展冬学运动应掌握的方针》一文中将这一经验概括为：坚持"民办公助"方针，将冬学运动与群众的生产生活相结合，坚持"学用一致"原则，注意团结文教干部，培养积极分子，抓住重点避免分散力量，要把计划放在群众的力量和觉悟基础上等。

解放战争时期，绥德县义合区黄家川村工作组从老区实际出发，采取"抽肥补瘦、填平补齐"的灵活措施调剂土地，因为兼顾了贫雇农和中农的利益而受到群众欢迎。习仲勋敏锐觉察到这一经验的普遍意义，便以西北局名义转发给各分区并上报中央。1948年3月12日，毛泽东将黄家川经验同晋察冀平山县、晋绥区崞县三个典型向全国推广。在推广正面成功经验的同时，也要警惕反面典型可能造成的严重危害。针对土地改革运动发展中出现的问题，习仲勋以绥德、子洲等地土改情况为例进行密切观察和深入调研，并多次向党中央和毛泽东致信反映。他在调研报告中不仅直指土改存在问题的要害，而且创造性地提出了一些切合实际、具有指导作用的真知灼见，比如，新区土改要结合大多数农民群众的觉悟程度；反复过度平分土地会将农村圈死；要派得力干部加强对运动的领导，以防止群众盲目行动造成严重恶果；老区贫农团很复杂，真正好的可靠的群众在中农阶层及一部分贫农中，因此要不怕中农当道，等等。习仲勋的调研报告引发了毛泽东对全国各地土地改革工作的全面思考，毛泽东还向习仲勋等人一再致电征求意见，习仲勋依据他的调研所得，就老解放区、半老解放区、新解放区土地改革中的不同问题坦率提出自己意见，受到党中央的高度重视，毛泽东将其批转给晋绥、中工委、邯郸局、华东局、华东工委、东北局等地，由此促使大规模土地改革运动整体性地健康发展，也成为体现调研成果向决策转化的成功案例。

在"文化大革命"结束后的改革探索初期，广东省清远县为了扩大企业自主权、调动职工积极性，在工业管理体制方面率先尝试在国有企业实行超计划利润提成以及利润承包，使生产效率迅速提高，但也引起了各种争议和怀疑。习仲勋带领广东省有关领导几次到清远县开展调研，指导扩大企业自主权的试点工作，并总结其经验。他充分肯定清远经验闯出了改革经济体制的新路子，要求广东各有关部门积极支持，各地方结合实际借鉴学习。1980年8月，《人民日报》《南方日报》相继报道了清远率先试行企业承包制的经验，在全国引起强烈反响。据1981年底统计，全省100个县和县级市，有63个县市仿效清远办法改革了工业管理体制，48个县市经委对财政实行包干，22个县市经委在银行独立开户。全国有363个县和17个小城市学习清远体制改革经验，广西决定在全区各县推广清远经验。不仅如此，清远经验也受到党中央的重视，国家经委对其改革方向予以明确肯定，从而成为促进广东以及全国经济体制改革迈出的重要一步。习仲勋等广东领导还对广东省社会经济的历史与现状进行全方位调研分析，在此基础上慎重提出了在广东建立特区、优先发展的设想，最终获得中央批准，由此拉开改革探索的大幕。

从上述内容可以看出，不论是在革命战争年代还是在建设、改革时期，习仲勋的领导活动中始终伴随着调查研究工作，其调查研究的方式方法有实地考察、开调查会、入户访谈、蹲点调查、典型研究等；其调查研究的实践活动以及调研报告，不仅及时、直接地指导解决了拟议中的具体问题，而且对指导一些带有普遍性的全局工作也产生了重要影响；其调查研究的目标内容，不论是战争动员、生产发展，还是解决人民群众的生活困难问题，都彰显着务实、创新和为民的特点。这些既体现了调查研究对党的事业发展的巨大作用，同时也反映了认真开展调查研究对领导干部成长的重要性，其中蕴含的现实启示意义也是显而易见的。对于密切党群关系和加强党的执政能力建设这一时代工程来说，必须把深入实际加强调研作为切入点和中心环节，建立健全调查研究工作机制，以科学高效的调查研究来改进作风、推进工作；作为党员领导干部，则要自觉把调查研究当作必修课和永恒课题，不断提高调查研究的意识和能力，多联系群众体察民情集中民智，多到情况复杂、矛盾尖锐的地方去研究解决问题，不断提高政治水平和领导能力。

（王晓荣：陕西师范大学马克思主义学院教授；岳国芳：西北政法大学马克思主义学院副教授）

五、当代思考

谋事之基——调查研究是科学决策的基础环节[*]

顾介康

毛泽东同志说过，领导者的责任主要有两条，一是出主意，二是用干部。出主意，就是决策。对重大问题进行正确的决策，是一切领导工作的中心环节。正确的决策，能够顺应事物发展的客观规律，顺应人民群众的意志和愿望，提出正确的战略目标和战略措施，并充分调动和凝聚广大人民群众的积极性，将决策化为创造性的实践，从而达到预期的目的。相反，错误的决策，违背客观事物的发展规律，违背民心民意，挫伤广大人民群众的积极性和创造性，就会在实践中失败。领导决策失误所造成的损失和浪费是最大的损失和浪费。领导干部决策失误，可以拍拍屁股走路，换个地方照做领导，但决策失误造成的后果是要由那个地方的基层干部和广大群众承担的。一个地方重大决策失误了，经济搞不上去，那里的老百姓就要受穷；一个企业决策失误了，造成亏损，那个企业的职工就拿不到奖金，有时工资还要打折扣，弄得不好还要下岗。因此，决策是否正确，直接关系到党和政府与人民群众的关系。正如 1990 年 3 月党的十三届六中全会通过的《中共中央关于加强党同人民群众联系的决定》中第二条所明确指出的："我们党要密切同人民群众的联系，领导人民群众胜利前进，首要的问题是必须保证决策和决策的执行符合人民的利益。"

---

* 节选自顾介康：《调查研究知行录》。

　　在改革开放和发展社会主义市场经济的条件下，地方党委、政府对重大问题的决策面临着许多新的情况，带来了领导决策的许多新的特点，要求我们从传统的经验决策向现代的科学决策转变。一是地方领导干部的决策权力大了，需要从计划经济体制下的被动、执行型决策向社会主义市场经济条件下的主动、创造型决策转变；二是影响决策的变量多了，需要我们从过去的单向思维的单项决策向多向思维的综合决策转变；三是决策中的不可预见因素多了，需要我们从过去的常规性决策向新形势下的风险型决策转变；四是决策的难度大了，需要我们从过去依靠个人的实践经验决策向依靠智囊班子和集体智慧决策转变；五是决策的程序变了，需要我们从过去的随意性决策向严格按照议事规则决策转变。在这种情况下，要保证重大决策的正确，必须大力推进领导决策的科学化、民主化进程。所谓领导决策的科学化、民主化，就是要尊重客观规律，尊重民心民意，尊重群众的创造性实践！运用现代自然科学和社会科学知识，依靠集体智慧，对重大问题作出正确的决定。判断一个决策是否正确，主要看两条，一看是否符合实际情况，是不是按客观规律办事；二看是否符合民心民意，是不是得到广大群众的赞成、拥护和支持。坚持"三个有利于"的标准，坚持实践是检验真理的唯一标准，说到底，就是要坚持以人民利益为最高标准，要看人民满意不满意、高兴不高兴、赞成不赞成、拥护不拥护、支持不支持。因为，我们所做的一切工作，都是为人民谋利益；我们所说的实践，就是广大人民群众在党的正确路线指引下，为追求和实现自身根本利益，去改造自然、改造社会的创造性活动。许多领导同志都深深体会到，坚持以人民利益为最高标准，是一个领导干部制定和实施重大决策的最根本的出发点，是一个领导干部具有战略眼光和政治胆略的最根本的思想基础，是一个领导干部在任何情况下都能自觉坚持解放思想、实事求是的思想路线的最深厚的力量源泉。

　　要保证领导决策的正确，使之符合客观实际、符合民心民意，一个重要环节，就是领导干部要迈开双脚，深入基层，深入群众，作系统、周密、细致的调查研究。正如江泽民同志所说的，"各种问题的解决都取决正确的决策，而正确的决策来源于对客观实际的周密调查研究。如果不了解实际情况，凭老经验、想当然、拍脑袋，把自己的主观愿望当作客观现实，就不可能作出正确的决策。因此，越是领导职务高的同志，越要亲自下功夫对重大问题进行调查研究，这是别人无法代替的。没有调查就没有发言权，没有调查就更没有决策权。"（江泽民同志 1993 年 7 月 5 日在全国省、区、市党委政策研究室主任会议上的讲话）党的路线和大政方针，对全国都是一样的，你这个地方搞得好不好，关键是能不能深入调查研究，从本地实际出发，创造性地开展工作。从这个意义上说，领导工作的竞争，就是调查研究的竞争。党的十一届三中全会以来，我们各级党委、政府的领导同志遵循解放思想、实事求是的思想路线，注重调查研究的风气越来越浓厚，单凭个人经验和主观意志对重大问题进行决策的现象越来越少了。过去一些地方出现的"拍脑袋决策、拍胸脯担保、下面无法贯彻就拍桌子骂人、搞砸了拍拍屁股走路"的"四拍"现象也不多见了。但目前还确实存在着由于调查研究不够深入、科学论证不够周密，导致某些决策失误，造成损失浪费的现象。据我多年的观察和了解，一些领导同志在调查研究上还存在着某种"四不"现象：

　　一是走不出。有些领导同志的很大一部分时间和精力花费在"文山会海、送往迎来、红白喜事、扯皮官司"上，真正能下去调查研究的时间并不多。对此，许多领导同志也有苦衷。现在，文件、报表、材料实在太多，特别是对自己分管工作范围内的文件、报表、材料不能不看，生怕发生遗漏造成工作上的失误。会议也很多，除了综合性的会议要到场坐主席台外，部门开会也是不仅要党委、政府的分管领导到场讲话，还要请党委、政府的主要领导到场讲话，常常是分管领导代替部门布置工作，主要领导讲话的内容也是重复的多，很少有新意，而且上行下效，一级一级照此办理，"以会议落实会议，以文件落实文件"，不这样做，就有不重视某项工作之嫌。送往迎来的事，也常使一些领导同志感到头痛，不送不迎，要被人说成对上级领导不尊重，要送要迎，也实在"陪"不起，但很多情况下也只好硬着头皮陪，特别是对一些上级业务部门的领导下来视察、检查工作，地方主要领导同志更是不敢得罪，非到场陪不可。为应付红白喜事也耗费了领导同志不少时间和精力，今天这个单位剪彩，明天那个单位庆典，有的领导同志也确有所好，乐此不疲。协调部门的关系，解决"扯皮官司"，成了一些领导同志一项重要的工作职责，分管领导协调不了，还要主要领导同志出场，这种条条分割、块块分割的体制，弄得一些领导同志苦不堪言。上述这些情况确实是客观存在，但从根本上来说，还是对调查研究重视不够、决心不大所造成的。

二是深不下。有些领导同志即使有时间下去作调查，也是蜻蜓点水、走马观花，听听汇报、看看现场，作一通指示就走路。这种做法，只能说是视察，很难说是作调查。现在很少有领导同志能在一个地方或单位蹲上一两天深入到基层干部和普通老百姓中间去了解情况，认认真真地去作解剖"麻雀"的工作，把一个地方或单位的情况摸清楚。有次我到一个市的郊县作调查，提出要住在县里，县里的同志感到很惊讶，他们说，"我们市里的同志下来都是早出晚归，倒是你们省里的同志要在县里住几天，实在难得。"

三是看不全。有些领导同志下去作调查，往典型单位跑得多，看的都是好地方，经济不发达、群众很贫困、最需要领导下去帮助解决问题的地方，去得不多。我省原来有个贫困县，有一个村在岗岭地上，解放以来老百姓的用水问题一直没有解决，饮用水都要到十几里以外去担。所以，老百姓之间相互借东西，最经常的一件事就是"借水"。省委扶贫工作队了解这个村的情况后，向县里汇报，县里很多领导同志居然不知道解放40多年了本县还有一个村2000多名老百姓用水的问题没有解决。后来，省里拨了专项资金，专门为该村修了一条送水渠。开闸放水那天，大人小孩都捧着清清的渠水，含着热泪，高呼"社会主义好""共产党万岁！"

四是听不真。有些领导同志下去作调查，层层陪同，又是警卫，又是记者，跟随的人一大帮，参加座谈会的人满满一屋子，听到的情况汇报都是经过"充分准备"的，哪些话该讲，哪些话不该讲，事先都作过"精心斟酌"，这样作调查，很难听到、看到真实的情况。毛泽东同志说过，调查会人不必多，三五个、七八个人即够。因为，人少了，可以同基层干部和普通群众促膝谈心，随意问答，平等地交流思想、交换意见，使参加座谈的人做到知无不言，言无不尽。有的领导同志也常常感叹下去调查不容易听到真话。但凡是在调查研究上下过真功夫的领导同志都认为，基层干部和群众愿不愿、敢不敢讲真话，最主要的决定于领导干部下去调查时，自己愿不愿、敢不敢听真话。有的领导同志常常带着自己的主观框框下去作调查，听到符合自己想法的意见就高兴，就表扬，听到不同的意见就反感，就批评，逼得下面的同志只好"顺竿子爬"，千方百计地猜度你的心思，你有什么想法，就给你提供什么材料，在这种情况下，你能听到真话才怪呢！古代被老百姓称为"清官"的封建官吏，为了断案为民伸冤，尚且能搞微服私访。我们共产党的领导干部为什么不能也搞"微服私访"？领导干部到菜场买买菜，就可以了解物价的涨跌、群众的反映、市场管理的情况；到街上大澡堂去洗洗澡，在那里民心民意表露无遗，群众的呼声和要求都能听得清清楚楚。举这些例子，不是说领导干部都要到菜场买菜、到澡堂洗澡，而是说要真正深入到基层、深入到群众中去作调查研究，才能了解真实情况，了解民心民意，保证我们的决策做到"两个符合"。

　　毛泽东同志一再告诫我们，调查研究要有拜群众为师、甘当小学生的精神，不能当"钦差大臣"。但我们有些领导同志下去作调查，简单地听一下汇报，看一两个单位，就讲话、发指示，他讲的话比参加座谈的人讲得还多。而且还有个"习惯做法"，领导干部在哪里调查讲了些话，马上就在报纸上发表、电视里播放。其实，这也是很不科学的。因为领导干部的认识也有一个逐步深化的过程。他在这个点上看到一些情况，产生一些观点，不一定完善，不一定准确，到了别的地方再作调查，经过反复思考和验证，才会逐步深化，趋于完善和准确。认识过程是如此，决策过程更是如此。决策不能光看一两个典型单位的经验，而要靠对全局情况的综合，靠一两个典型单位的经验作出重大决策，常常是造成决策失误的一个很重要的原因。总之，调查研究是领导决策的基础环节。调查研究的过程，就是了解实际情况，探索客观事物发展规律，推进决策科学化的过程；调查研究的过程，也是了解民心民意，广泛征求各方面意见，推进决策民主化的过程。领导干部一定要掌握调查研究这门基本功，下决心克服上述那种"四不"现象，在调查研究上下苦功夫，才能成为一个善于正确决策的高明的领导者。

中国共产党注重开展调查研究的
历史探索与基本经验[*]

韩强　杜思睿

调查研究是马克思主义认识论的基本观点，是中国共产党密切联系群众优良作风的集中体现，是做好工作的基本功。没有正确深入的调查研究，就不可能作出正确的决策，更不会取得人民满意的业绩，甚至会犯严重的错误，给党和人民的事业造成极大的危害。毛泽东反复讲，没有调查就没有发言权。习近平总书记也多次强调，没有调查就没有发言权，没有调查就没有决策权。2020 年 10 月 10 日，习近平总书记在中央党校（国家行政学院）中青年干部培训班开班式上指出，干部特别是年轻干部要提高政治能力、调查研究能力、科学决策能力、改革攻坚能力、应急处突能力、群众工作能力、抓落实能力。其中把调查研究能力放在第二位，凸显了这一能力的极端重要性。在中国共产党的百年历史进程中，调查研究发挥了重要作用，也积累了宝贵经验。

一、中国共产党注重开展调查研究的历史进程

中国共产党始终高度重视调查研究，在领导中国革命、建设、

---

* 节选自《学习与探索》2021 年第 8 期。

改革的不同历史阶段，开展了广泛深入、卓有成效的调查研究，形成了重视调查研究的优良传统，从而逐渐深化了对中国革命、建设、改革规律的认识，制定了正确的路线方针政策，找到了正确的革命、建设、改革道路，特别是坚持和发展中国特色社会主义，推动物质文明、政治文明、精神文明、社会文明、生态文明协调发展，创造了中国式现代化新道路，创造了人类文明新形态。

1. 新民主主义革命时期通过调查研究找到了一条正确的革命道路

新民主主义革命时期，党面临的主要任务是找到正确的革命道路，特别是在城市工人暴动屡屡受到挫折，革命重心转入农村后，如何找到在农村取得革命胜利的新路至关重要。为此，毛泽东从调查研究入手，研究中国革命问题，探索中国革命道路。1925 年春，毛泽东为了认识中国国情，在湖南韶山进行了深入的社会调查；1926 年春，毛泽东又组织农民运动讲习所的学员广泛进行社会调查。在此基础上，毛泽东写出了《中国社会各阶级的分析》。1927 年初，毛泽东通过调查湖南湘潭、湘乡、衡山、醴陵、长沙等地的农民运动，写出了著名的《湖南农民运动考察报告》。1927 年 11 月和 1928 年春，毛泽东在井冈山先后做了宁冈调查和永新调查；1930 年 5 月，毛泽东在紧张的战争期间又对寻乌做了大量调查，形成了《寻乌调查》一文；1930—1933 年，毛泽东又做了兴国调查、赣西东塘调查、长冈乡调查和才溪乡调查。虽然这些调查有各自的重点和考虑，有的全面系统，有的略显仓促，但是都体现了毛泽东对调查研究的重视，体现了他对"中国革命斗争的胜利要靠中国同志了解中国情况"的深刻认识和自觉践行。

更为重要的是，毛泽东在调查中并没有满足于了解情况，而是进行了深入的研究，形成了对调查问题的系统全面正确的认识，为党制定土地革命的正确战略策略奠定了可靠基础。其标志是毛泽东形成了对调查研究规律的基本认识，其集中体现是 1930 年 5

月毛泽东写下的《调查工作》一文。此文在民主革命时期遗失，1961 年 1 月找到后以《关于调查工作》为题目发表后改为《反对本本主义》，此文是他对多年调查研究活动的理论总结。其中，毛泽东提出了"没有调查，没有发言权"的著名论断；明确"调查就是解决问题"；得出了"中国革命斗争的胜利要靠中国同志了解中国情况"的结论；倡导必须到群众中做实际调查，提出了需要掌握的一系列调查技术；强调"马克思主义的'本本'是要学习的，但是必须同我国的实际情况相结合"。在《〈兴国调查〉前言》中，毛泽东也强调："实际政策的决定，一定要根据具体情况……倘若根据'想当然'或不合实际的报告来决定政策，那是危险的。过去红色区域弄出了许多错误，都是党的指导与实际情况不符合的原故。所以详细的科学的实际调查，乃非常之必需。"

不仅如此，毛泽东在这一时期基于调查研究还写下了大量著作，诸如《中国的红色政权为什么能够存在？》《井冈山的斗争》《星星之火，可以燎原》等等，集中回答了中国革命的一系列基本问题，标志着毛泽东思想的初步形成，也使调查研究成为中国共产党领导革命的有力武器。

延安时期，毛泽东把调查研究进一步发扬光大，一方面，毛泽东在理论上阐明了调查的重要意义和基本方法，丰富了调查研究的思想和理论。他尤其强调了四点：其一，只有坚持调查研究才能肩负起领导中国革命的历史重任。1941 年毛泽东在《〈农村调查〉的序言和跋》一文中强调："对于中国各个社会阶级的实际情况，没有真正具体的了解，真正好的领导是不会有的。"其二，正确的决策只能来源于调查研究。他指出："共产党领导机关的基本任务，就在于了解情况和掌握政策两件大事，前一件事就是所谓认识世界，后一件事就是所谓改造世界。"其三，调查研究是转变领导作风和改善工作方法的基础一环。强调正确的领导方法和工作方法是把调查的实际材料和党的原理原则联系起来，不深入实际不深入群众的官僚主义作风，只能危害党的事业和人民的利益。其四，提出调查研究必须坚持正确的态度和方法。毛泽东强调，正确的调查研究是系统的由历史到现状的调查研究……要突出中心、抓住重点，善于抓典型，解剖麻雀，避免胡子眉毛一把抓；要做好准备，有调查纲目，学会开调查会的方法。另一方面，毛泽东在实践中不遗余力地倡导在全党大兴调查研究之风，同时自己身体力行开展调查研究。1941 年 3 月，毛泽东把他在 1930 年到 1933 年所做农村调查汇集成《农村调查》一书，并为之写了序言和跋，在延安出版。1941 年 8 月 27 日中共中央政治局会议决定成立中央调查研究局，毛泽东兼局长，这一机构的设立为全党开展调查研究提供了强有力的组织保证。1941 年 8 月 1 日，中共中央还向全党发布《关于调查研究的决定》，要求"加重对于历史，对于环境，对于国内外省内外县内外具体情况的调查研究"，还对调查研究的具体办法作出了明确规定。此后，中央机关和地方组织先后成立了各种类型的调查团，广泛开展调查研究活动，先后形成了《米脂杨家沟调查》《绥德、米脂土地问题初步研究》等著作。毛泽东本人也挤时间开展调查研究，特别是针对陕甘宁边区财政经济面临的困难进行了调研，提出了一整套财经工作的方针和政策，并在西北局高干会上做了《经济问题和财政问题》的报告。

正是由于毛泽东的积极倡导，全党形成了关于调查研究的思想和理论，逐步兴起了调查研究的风气，并成为党的优良作风，即使全党了解了中国革命实际，制定了正确的斗争战略和策略，又密切了党群干群联系，使中国共产党的主张得到了人民的广泛拥护和支持，为中国共产党领导和取得新民主主义革命的胜利打下了坚实基础。

2. 社会主义革命和建设时期形成了对调查研究的新认识

新中国成立后，毛泽东仍然重视调查研究。1955—1956 年间，毛泽东、刘少奇等同志分别深入到一些城市、厂矿、农村进行调查研究。毛泽东到保定、邢台、杭州、上海、南京等地视察，不断找沿途的地方干部谈话，进行了一路的调查工作。从 1956 年 2 月 14 日起，毛泽东用了近两个月的时间听取国务院 34 个部门的工作报告，实际听取报告的时间长达 43 天。

1956—1957 年先后发表的《论十大关系》和《关于正确处理人民内部矛盾的问题》，正是毛泽东在广泛调查研究的基础上形成的，蕴含着对如何解决十大矛盾、如何认识社会主义社会两类不同性质的矛盾和社会主义社会基本矛盾等重大问题的深刻认识。但总的来说，全党对调查研究的重视不如过去，1961 年 1 月 13 日，毛泽东在主持中央工作会议全体会议时也承认："建国以来，特别是最近几年，我们对实际情况不大摸底了，大概是官做大了。我这个人就是官做大了，我从前在江西那样的调查研究，现在就做得很少了。"1 月 18 日，毛泽东在中共八届九中全会全体会议上进行了自我批评："近几年来我们也做了一些调查研究，但是比较少，对情况不甚了了。"正是由于各级党组织缺乏调查研究，对下面情况不太熟悉，导致命令主义、浮夸风、瞎指挥盛行，并酿成"大跃进"、人民公社化、"反击右倾翻案风"等一系列严重问题。

1958 年"大跃进"后，紧接着发生了严重的三年自然灾害，经济发展面临极大困难，开展调查研究、重树实事求是之风成为克服困难、找寻出路的必然选择。1961 年 1 月，毛泽东意外找到了一度遗失的在中央苏区时期撰写的《调查工作》一文，这令他非常高兴，决定在全党重新倡导调查研究之风，并发出了全党全国在 1961 年"搞个实事求是年"的号召。他指出："我们党是有实事求是传统的，就是把马列主义的普遍真理同中国的实际相结合。""调查研究极为重要，要教会所有的省委书记加上省委常委、省的各个部门的负责同志、地委书记、县委书记、公社党委书记做调查研究。他们不做调查，情况就不清楚"。"大家回去实事求是地干，不要老是搞计划、算账，要搞实际工作，调查研究，去督促，去实践……我今天讲了这么许多，拿调查研究作为一个题目。希望今年这一年，1961 年成为一个调查年，大兴调查研究之风。调查要在实际中去调查，在实践中间才能认识客观事物。"1 月 25 日到 5 月 15 日，毛泽东乘专列离开北京，南下进行三个多月的调查研究，所到之处，召开多次会议，听取汇报并实地考察和指导调查研究工作，对农村人民公社体制、集体食堂、制定修改《农村人民公社工作条例（草案）》等问题听取了各方面意见。

在南下调研期间，毛泽东对调查研究形成了一些新的看法。一是对各级领导干部进行调查研究提出了明确要求。在 1 月 26 日同中共河北省委负责人谈话中，毛泽东说：今年这一年要大兴调查研究之风，没有调查研究就决定政策相当危险。在 1 月 29 日同中共江苏省委负责人和南京市委第一书记谈话中再次强调要大兴调查研究之风。他说要把浮夸、官僚主义、不摸底这些东西彻底克服掉。过去有几年不大讲调查研究了，是损失。不根据调查研究来制定方针、政策是不可靠的，很危险，心中也无数，数字也许知道，实际情况并不知道。二是强调以调查研究反对本本主义、官僚主义。3 月 11 日，在广州召开的中共中央中南局、西南局、华东局负责人和三个地区的省市自治区党委负责人会议期间，毛泽东批示转发失而复得的《调查工作》一文，并将文章的题目改为《关于调查工作》。3 月 13 日，毛泽东致信刘少奇、周恩来、陈云、邓小平、彭真以及三北会议各同志，强调"不亲身调查是不会懂得的，是不能解决这两个重大问题的（别的重大问题也一样），是不能真正地全部地调动群众的积极性的……不作亲身的典型调查，满足于在会议上听地、县两级的报告，满足于看地、县的书面报告，或者满足于走马看花的调查。这些毛病，中央同志一般也是同样犯了的。我希望同志们从此改正。我自己的毛病当然要坚决改正"。三是深刻反思不实事求是的原因。3月5日，毛泽东在广州主持召开中共中央政治局常委扩大会议时讲道：在庐山会议之前，我们对情况的了解还是比较清楚的，但在庐山会议之后就不大清楚了。因为庐山会议之后一反右，有人讲真实话，讲困难，讲存在的问题，讲客观实际情况等等，都被认为是右的东西。结果造成一种空气，不敢讲真实情况了。相反就产生了另外一种情绪，不讲实际了，例如河南本来粮食产量只有240亿斤，他们说有400多亿斤，这都是反右反出来的。四是形成了中央关于认真进行调查工作问题的指示信。3月23日，毛泽东审改由胡乔木起草的《中央关于认真进行调查工作问题的指示信》，并为这封信确定了标题——《中共中央关于认真进行调查工作问题给各中央局，各省、市、区党委的一封信》。信中指出：现在我们中央搞的文件，如果没有具体措施也是不可能实现的。要有正确的措施，就要做调查研究工作。我们大部分人，包括我自己在内，都是调查研究不够。现在全党对情况比较摸底了，中央、省、地各级对下面的情况比较摸底了，我看应该这样说。我的经验历来如此，凡是忧愁没有办法的时候，就去调查研究，一经调查研究，办法就出来了，问题就解决了。调查研究就会有办法，大家回去试试看。民主革命阶段，要进行调查研究，社会主义革命和社会主义建设阶段，还是要进行调查研究，一万年还是要进行调查研究工作。教条主义这个东西，只有原理原则，没有具体政策，是不能解决问题的。正确的策略只能从实践经验中产生，只能来源于调查研究。由于毛泽东的倡导和身体力行，使调查研究风气得到一定程度的恢复，为完成国民经济的调整、巩固、充实、提高奠定了基础。

3. 改革开放和社会主义现代化建设时期开启了调查研究的新阶段

党的十一届三中全会拨乱反正，开启了改革开放和社会主义现代化建设新时期。全党能够走出三年徘徊时期、找到改革开放的正确道路，正是得益于实事求是、调查研究。

邓小平作为改革开放的总设计师，一贯重视调查研究，主张领导干部要以身作则，亲自动手进行调查研究。他早在 1978 年 6 月即提出"我们办事情，做工作，必须深入调查研究，联系本单位的实际解决问题"，"能不能深入下去，工作能不能落实，关键在于领导干部是不是以身作则，深入部队，调查研究，从实际出发，分析问题，解决问题"。他尖锐地批评了在党的组织和国家机关工作人员中形形色色的官僚主义倾向。他说："不少领导机关和领导干部，高高在上，不接近群众，不重视调查研究，不了解工作中的真实情况。他们往往不是从客观的实际条件和人民群众的具体实践出发，来考虑和决定他们的工作，而是从不确切的情况出发，从想象和愿望出发，主观主义地来考虑和决定他们的工作。因此，他们作出的决议、指示虽然很多，但有的不完全正确，有的甚至完全错误。"整顿领导班子，就要解决各级领导人的作风问题，解决官僚主义的问题。他语重心长地告诫大家：四个现代化靠空谈是化不出来的，一定要深入实际，调查研究，知彼知己，力戒空谈。离开群众经验和群众意见的调查研究，任何天才的领导者也不可能进行正确的领导，其必然结果不是机会主义，就是盲动主义。进行改革开放和现代化建设，是前无古人的事情，必须研究新情况、解决新问题。1992 年春，他不顾年事已高，到武昌、深圳、珠海、上海等地进行调查研究，发表了著名的南方谈话，为改革开放确立了社会主义市场经济的发展方向。

江泽民在担任党的总书记期间，也非常重视调查研究工作，提出"没有调查研究就没有发言权，没有调查就更没有决策权"。在 1993 年 7 月 5 日所作的《全党要大兴调查研究之风》的讲话中，他明确指出："重视调查研究，是我们党的优良传统。坚持理论与实际相结合，由此制定和执行正确的路线方针政策，是我们党领导革命、建设和改革的基本经验。""坚持调查研究，是辩证唯物主义认识论的基本要求，是党保持同人民群众密切联系的重要渠道，也是我们党的一项基本工作方法和领导制度。回顾建党七十多年的历史，什么时候全党从上到下重视调查研究，工作指导方针符合客观实际，党的事业就顺利发展；什么时候忽视调查研究，就会导致主观与客观相脱离，造成工作中的失误，使党和人民的事业遭受损失甚至挫折。因此，加强调查研究不仅是一个工作方法问题，而且是一个关系党和人民事业得失成败的大问题。"为此，他要求县以上的各级领导同志，尤其是一、二把手，一定要带头大兴调查研究之风，每年至少抽出一两个月的时间，深入基层调查研究；要对本地区、本部门迫切需要解决的重要问题，进行系统的调查研究，提出解决的正确对策；每个领导干部都应亲自动手写调查报告。总体上看，党内调查研究制度逐步建立起来，重视开展调查研究的风气得到了弘扬，通过调查研究解决了许多改革发展中的重大问题。

胡锦涛也高度重视调查研究，经常深入到基层一线做调查研究。在西柏坡、井冈山、延安等革命老区，在许多省、自治区、直辖市的田间地头和工厂矿区都留下了足迹。2005 年 2 月 21 日主持中共中央政治局第二十次集体学习时，胡锦涛集中论述了调查研究工作并着重提出，要加强对构建社会主义和谐社会重大问题的调查研究和理论研究，着力提高构建社会主义和谐社会的本领，把社会主义和谐社会建设的各项工作落到实处。要加强对社会结构发展变化的调查研究，深入认识和分析阶层结构、城乡结构、区域结构、人口结构、就业结构、社会组织结构等方面情况的发展变化和发展趋势，以利于深入认识在发展社会主义市场经济和对外开放的条件下我国社会发展的特点和规律，更好地推进社会建设和管理。要加强对社会利益关系发展变化的调查研究，深入认识和分析我国社会利益结构、利益关系等方面情况的发展变化和发展趋势，以利于完善政策措施，更好地统筹各方面的利益关系和利益要求。要加强对维护社会稳定工作的调查研究，深入认识和分析公共安全、社会治安等方面情况的发展变化和发展趋势，保证广大人民群众安居乐业。各级领导干部要深入基层、深入群众、深入实际，通过开展广泛深入的调查研究，切实提高思想认识水平，切实提高政策水平，切实提高工作水平，努力把构建社会主义和谐社会的各项工作落实好。这些要求为推动调查研究开展发挥了重要指导作用，也成为提出科学发展观的重要基础。

4. 新时代中国特色社会主义赋予调查研究新的时代内涵

随着中国特色社会主义进入新时代，中国面临着新的发展形势和任务，围绕坚持和发展什么样的中国特色社会主义、怎样坚持和发展中国特色社会主义，以习近平同志为核心的党中央坚持立足新的实际进行了新的探索和思考，得出了许多新的结论，形成了习近平新时代中国特色社会主义思想这一新的理论创新成果，其中注重调查研究无疑是这一思想形成的重要方法论根源，也是其中的重要组成部分。

新时代中国共产党对调查研究的认识也达到了一个新的高度。习近平同志青年时期曾作为下乡知识青年在陕西梁家河担任村支部书记，形成了深入群众深入基层开展调查研究的习惯和作风，他此后在河北正定、浙江、福建等地工作期间，都极其重视调查研究，亲自撰写了大量调查研究报告。党的十八大习近平同志当选为党的总书记，上任伊始，即主持中央政治局会议审议通过了关于改进工作作风、密切联系群众的八项规定，其中第一条就是关于调查研究的，提出要改进调查研究，到基层调研要深入了解真实情况，总结经验、研究问题、解决困难、指导工作，向群众学习、向实践学习，多同群众座谈，多同干部谈心，多商量讨论，多解剖典型，多到困难和矛盾集中、群众意见多的地方去，切忌走过场、搞形式主义。此后，习近平总书记身体力行，经常深入地方和基层进行调查研究，向实践寻找答案，足迹遍及大江南北、城市乡村。特别是 2013 年到湘西十八洞村调研时，提出了精准扶贫思想，为扶贫攻坚提供了理论指南。类似的调查研究不胜枚举。

在此基础上，习近平总书记形成了关于调查研究的一系列认识。实际上，他在担任总书记之前，就积极倡导调查研究，在 2011 年 11 月 16 日的中央党校秋季学期第二批入学学员开学典礼上的讲话中即提出，调查研究是做好领导工作的一项基本功，调查研究能力是领导干部整体素质和能力的一个组成部分。强调调查研究不仅是一种工作方法，而且是关系党和人民事业得失成败的大问题，要求全党要学习和掌握正确方法，努力提高调查研究水平和成效，特别要从群众中来、到群众中去，广泛听取群众意见；必须坚持实事求是的原则，树立求真务实的作风，具有追求真理、修正错误的勇气。教育全党衡量调查研究搞得好不好，关键要看调查研究的实效，看调研成果的运用，看能不能把问题解决好，为此，提出建立和完善制度，保证调查研究经常化的重要性。

此后，他又多次强调，调查研究是谋事之基、成事之道，要在全党大兴调查研究之风。提出"不忘初心、牢记使命"主题教育的一个重要内容，就是教育引导广大党员干部了解民情、掌握实情，搞清楚问题是什么、症结在哪里，拿出破解难题的实招硬招。没有调查，就没有发言权，更没有决策权。研究、思考、确定全面深化改革的思路和重大举措，刻舟求剑不行，闭门造车不行，异想天开更不行，必须进行全面深入的调查研究。要求干部下决心减少应酬，保持健康的工作方式和生活方式，多学习充电、消化政策，多下基层调查研究、掌握第一手情况，多系统思考和解决存在的突出问题，自觉远离那些庸俗的东西。2020 年 10 月 10 日，在秋季学期中央党校（国家行政学院）中青年干部培训班开班式上，习近平总书记在讲话中明确要求干部特别是年轻干部要提高政治能力、调查研究能力、科学决策能力、改革攻坚能力、应急处突能力、群众工作能力、抓落实能力。其中把调查研究能力作为一项重要能力提了出来。当前，全党开展的党史学习教育，其中一个重要的任务就是切实为群众办实事解难题。要把学习党史同总结经验、观照现实、推动工作结合起来，同解决实际问题结合起来，开展好"我为群众办实事"实践活动，把学习成效转化为工作动力和成效，防止学习和工作"两张皮"。

正是在习近平总书记的倡导和带动下，全党的调查研究风气进一步浓郁，各级干部到基层调查研究蔚然成风，调查研究在促进科学民主决策、推动中国特色社会主义事业发展进程中的作用得到进一步彰显。

二、中国共产党注重开展调查研究的基本经验

调查研究是实事求是的基本要求，是中国共产党人特别是广大干部的基本能力，只有深入基层、深入群众、深入实际经常性地进行调查研究，才能真正了解和掌握人民群众的利益、愿望和要求，作出有利于实现好、维护好、发展好人民利益的正确决策，也才能真正推动党领导的革命、建设和改革事业不断取得新的胜利。相反，如果遇事不进行必要的调查研究，或者不善于开展调查研究，只凭主观认识想当然地作出决策，必然犯经验主义、教条主义、官僚主义的错误，必然给党和人民的事业造成严重的甚

至是灾难性的后果。因此，重视调查研究是中国共产党的优良传统，是中国共产党永远立于不败之地的重要法宝。

1. 调查研究是谋事之基、成事之道

纵观历史，中国共产党从立党之初就重视调查研究，以准确了解中国革命的实际，把握各个阶级的革命性，作出谁是革命的朋友、谁是革命的敌人的正确判断，也正是在调查研究中找到并开辟了农村包围城市、武装夺取政权的正确道路。在社会主义革命和建设时期，面对各种新问题新困难，中国共产党人坚持从实际出发，从调查研究中寻找解决问题的答案，对社会主义革命和建设道路进行了初步的探索。改革开放以来，在对"什么是社会主义""怎样建设社会主义"等一系列基本问题的深入思考中逐步探索出了一条中国特色社会主义建设道路，并成功地把这一道路推进到中国特色社会主义新时代。中国社会主义革命、建设和改革事业的发展，充分印证了一个真理：调查研究是谋事之基、成事之道，坚持和善于调查研究是中国共产党人克服一切困难、战胜一切敌人的重要法宝，更是全面推进中国特色社会主义现代化建设的成功之路。

2. 不断推进调查研究理论创新

做好调查研究，离不开科学理论的指导。中国共产党在坚持调查研究的过程中，经过深入总结调查研究的规律和经验，形成了关于调查研究的基本理论，这一理论科学回答了什么是调查研究、为什么要调查研究、怎样进行调查研究、调查研究的方法、如何保证调查研究、如何避免出现偏差等若干问题，使调查研究成为中国共产党重要的方法论武器。在这一理论体系中，毛泽东是最重要的奠基者，毛泽东的调查研究思想是其中最璀璨的明珠，这一思想创立了中国共产党调查研究的基本理论，如马克思主义普遍真理与中国实际相结合；实践的观点是辩证唯物主义的认识

论之第一的和基本的观点；具体情况具体分析是马克思主义最本质的东西；调查研究是由实践到认识、由感性认识到理性认识的桥梁；等等。正是在毛泽东调查研究思想的指导下，1941 年 8 月 1 日中共中央发布的《关于调查研究的决定》才能成为全党进行调查研究的基本遵循，其中的基本观点成为全党的共识。例如，调查研究是认识社会的基本方法，是克服主观主义的锐利武器；群众是真正的英雄；阶级分析是马克思主义的基本观点；从研究典型着手是最切实的办法；开调查会是最简单易行又最忠实可靠的方法。当然，党的第一代中央领导集体中的周恩来、刘少奇、朱德、邓小平、陈云等同志也对党的调查研究思想作出了重要贡献。这一理论经过社会主义革命和建设时期以及改革开放和中国特色社会主义新时期、中国特色社会主义新时代的不断发展，其内容日益丰富，科学性更加彰显，指导实践的效能也愈加显著。

3. 把提高调查研究能力作为关键

调查研究是做好一切工作的基本功。做好调查研究必须不断提高调查研究能力。干部调查研究做得好不好，关键看是否具有较高的调查研究能力。正如毛泽东所说的："一、不做调查没有发言权。二、不做正确的调查同样没有发言权。""做正确的调查"正是能力的体现。调查研究能力是一种立足人民立场、体现问题导向、坚持面向基层、不断从人民群众的实践中了解实际、认识问题、分析问题和解决问题的能力。这一能力体现在调查能力和研究能力两个方面，其中调查能力是前提，研究能力是调查能力的必然结果，调查重在了解实际，研究重在发现规律并提出解决问题的方案。只有在调查过程中深入基层深入实际深入群众，才能听到真实声音，了解真实情况，得到一手资料，才能保证研究的科学性、正确性，才能保证提出的解决问题的对策准确可靠。对于任何领导活动来说，必须善于把调查和研究有机结合起来，在调查基础上开展研究，以解决问题指导调查和研究。凡是正确的决策，往往是既了解实际又把握规律的典范；相反，若是错误的决策，定然是对实际不了解或完全不了解的。因此，习近平总书记强调调查研究必须"要坚持到群众中去、到实践中去，倾听基层干部群众所想所急所盼，了解和掌握真实情况"。中国共产党的百年历史也是在应对各种困难和危机中不断提高调查研究能力的历史。经过长期的要求和锻炼，干部整体的调查研究能力显著提高，但是问题也仍然存在，缺乏调查研究能力正在成为一些干部特别是年轻干部的明显短板。调查研究能力的欠缺往往会带来严重的后果，轻则导致作风飘浮、主观主义严重，重则造成决策失误，给党和人民事业带来巨大损失，造成党群干群矛盾激化。因此，必须引导干部端正调查研究态度，切实提高调查研究能力。一方面，要经常深入实际开展调查研究，了解和掌握真实情况；另一方面，要对调研得来的大量材料和情况作由此及彼、由表及里的认真研究分析。对经过充分研究、比较成熟的调研成果，要及时上升为决策部署，转化为具体措施；对尚未研究透彻的调研成果，要更深入地听取意见，完善后再付诸实施；对已经形成举措、落实落地的，要及时跟踪评估，视情况调整优化。可以说，深入实际、了解情况、形成成果、转化决策、调整优化都是干部调查研究能力的重要方面。要把调查研究能力的提高最终落到是否真正解决人民群众反映的现实迫切的问题上，以问题解决的好坏评判调查研究的成效。事业在推进，工作在开展，广大干部必须积极主动、持之以恒地提高自己的调查研究能力，以适应新的形势和任务的需要。

4. 坚持健全完善调查研究制度

调查研究必须制度化才能保证党的各级领导干部能够经常自觉地进行调查研究，而不是消极应付、浅尝辄止，甚至搞形式主义。在土地革命时期，毛泽东把进行社会调查规定为一项工作制度，使红军第四军的调查工作逐渐开展起来。新中国成立后，在毛泽东倡导下，中共中央规定领导干部每年有四个月要离开北京外出，下去调查。改革开放以来，各级党委一般都成立了专门研究机构，调查研究工作成为干部的一项重要工作，甚至在党政领导干部序列中专门设立了调研员这样的非领导岗位。鉴于当前党的调查研究工作仍然存在大量脱离实际、主观主义、形式主义等问题，迫切需要进一步健全完善干部调查研究制度，使干部经常性调查研究得到有力的制度保障。

首先，要把调查研究制度作为党的领导的重要制度来对待。党的领导是实现人民美好生活的根本保证，必须使党的领导为了人民、服务人民、让人民满意，而调查研究是实现这一目标的基本途径。党的十九届四中全会决定从国家治理体系和治理能力现代化的高度对坚持和完善党的领导制度体系进行统筹规划，强调要把尊重民意、汇集民智、凝聚民力、改善民生贯穿党治国理政的全部工作之中，要求健全决策机制，加强重大决策的调查研究、科学论证、风险评估，强化决策执行、评估、监督。这充分表明，调查研究是党治国理政的基础性工作，调查研究制度是实现党的正确领导和科学执政的重要制度。随着顺利实现第一个百年目标，向着第二个百年目标迈进，我们遇到的问题会更多，形势会更复杂，必须引导广大干部进行更加经常、更加深入的调查研究，以确保决策的科学性，保证人民有更多的获得感、幸福感、安全感。

其次，要完善调查研究制度体系。调查研究制度不仅是党的领导制度体系的重要组成部分，而且自身也是一个完整的体系，只有按照体系化、系统化的要求构建这一制度，才能有效避免漏洞和短板，发挥制度的整体效能。要围绕调查研究的基本环节完善制度体系，特别要明确干部调查研究职责，所有干部特别是领导干部都负有调查研究的责任，专职调研员更要切实履行调查研究职责；要赋予调查研究重要地位，把调查研究情况汇报与方案比较规定为领导班子决策的前置要件；要规范干部调查研究程序，使调查研究在选题、开展、汇报、反馈等方面都有章可循；要把调查研究纳入干部考核，对缺乏调查研究能力的干部坚决不能提拔，从源头上防止干部作风独断专行、简单粗暴；要加强对干部调查研究的监督，形成良好的调查研究风气，坚决杜绝干部调查研究中的形式主义、官僚主义等不正之风。在条件成熟时制定出台关于调查研究的党内法规，使其真正走上法治化的轨道。

5. 坚决反对调查研究中的不正之风

调查研究是党的作风的集中体现，关系党的形象，关系人心向背，关系党的生死存亡。正是由于中国共产党在自身发展的各个历史时期注重听取人民呼声，代表人民利益，反映人民意愿，满足人民要求，才能够把最广大人民群众始终团结在自己周围。当然，在调查研究中也始终存在一些不正之风，给党和人民的事业造成了严重损害。毛泽东早在新民主主义革命时期就批评了本本主义、教条主义、经验主义、官僚主义等错误做法，得出了"中国革命斗争的胜利要靠中国同志了解中国情况"的正确结论，发出了"到斗争中去！到群众中作实际调查去！"的呼吁。应该看到，在当前的各级领导干部中，不重视调查研究、不善于调查研究的问题依然存在。习近平总书记曾经给这些干部这样画像：有的走不出"文山会海"，强调工作忙，很少下去调查研究。有的满足于看材料、听汇报、上网络，不深入实际生活，坐在办公室关起门来作决策。有的自认为熟悉本地区本部门情况，对层出不穷的新情况新问题反映不敏锐，对形势发展变化提出的新课题新挑战应对不得力，看不到事物的发展变化是一个由量变到质变的过程，凭经验办事，拍脑袋决策。有的调研走过场，只看"盆景式"典型，满足于听听、转转、看看，蜻蜓点水、浅尝辄止。凡此种种，严重影响决策的科学性，妨碍党的路线方针政策的贯彻执行，也损害领导机关、领导干部的形象。切实改正调查研究中的各种不正之风，尤其是反对四风，是党的作风建设的重要任务，也是全面从严治党的重中之重。

由于环境在不断变化，事业在不断发展，工作在持续推进，新情况新问题会层出不穷，要解决这些问题，出路只有一个，那就是深入到基层群众的实际生活和工作中，拜人民群众为师，甘当人民群众的小学生，从实践中增长见识、寻找答案。今天的广大干部在学历、文化水平上都有了很大提高，但是对实际的认识还存在很大的不足，由此造成决策失误的现象还比较普遍，要完成第二个百年奋斗目标，更需要全党立足百年新起点，着重解决我国改革发展的实际问题，大兴调查研究之风，并使其制度化、规范化，切实保证调查研究能够更好更深入更持久地进行下去，把党的调查研究作风进一步发扬光大。

（韩强，北京联合大学马克思主义学院教授；杜思睿，吉林大学马克思主义学院学生）

调查研究常用九大方法 [*]

孙亚男

实地观察法

调查者在实地通过观察获得直接的、生动的感性认识和真实可靠的第一手资料。但因该法所观察到的往往是事物的表面现象或外部联系，带有一定的偶然性，且受调查者主观因素影响较大。因此，不能进行大样本观察，需结合其他调查方法共同使用。通常适用于对那些不能够、不需要或不愿意进行语言交流的情况进行调查。

访谈调查法

该法是比实地观察法更深一层次的调查方法，它能获得更多、更有价值的信息，适用于调查的问题比较深入，调查的对象差别较大，调查的样本较小，或者调查的场所不易接近等情况。包括个别访谈法、集体访谈法、电话访谈法等。但由于访谈标准不一，其结果难以进行定量研究，且访谈过程耗时长、成本较高、隐秘性差、受周围环境影响大，故难以大规模进行。

会议调查法

这种方法是访谈调查法的扩展和延伸，因其简便易行故在调查研究工作中比较常用。通过邀请若干调查对象以座谈会形式来

---

* 选自《新湘评论》2016 年第 2 期。

搜集资料、分析和研究社会问题。最突出的优点是工作效率高，可以较快地了解到比较详细、可靠的社会信息，节省人力和时间。但由于这种做法不能完全排除被调查者之间的社会心理因素影响，调查结论往往难以全面反映真实的客观情况。且受时间条件的限制，很难做深入细致的交谈，调查的结论和质量在很大程度上受调查者自身因素影响等。

问卷调查法

即间接的书面访问，该法最大优点是能突破时空的限制，在广阔的范围内，对众多的调查对象同时进行调查，适用于对现实问题、较大样本、较短时期、相对简单的调查，被调查对象应有一定文字理解能力和表达能力。如对某地区农村党员教育培训情况调查、中小学教师队伍科研现状的调查等。由于问卷调查法只能获得书面的社会信息，而不能了解到生动、具体的社会情况，因此该法不能代替实地考察，特别是对那些新事物、新情况、新问题的研究，应配合其他调查方法共同完成。

专家调查法

这是一种预测方法，即以专家作为索取信息的对象，依靠其知识和经验，通过调查研究，对问题作出判断和评估。最大优点是简便直观，特别适用于缺少信息资料和历史数据，而又较多地受到社会的、政治的、人为的因素影响的信息分析与预测课题。广泛应用于对某一方案做出评价，或对若干个备选方案评价出相对名次，选出最优者；对达到某一目标的条件、途径、手段及它们的相对重要程度做出估计等。

抽样调查法

指按照一定方式，从调查总体中抽取部分样本进行调查，并用所得结果说明总体情况。它最大的优点是节约人力、物力和财力，能在较短的时间内取得相对准确的调查结果，具有较强的时效性。组织全面调查范围广、耗时长、难度大，常采用抽样调查的方法进行检查和验证。比如开展全省党风廉政建设社会民意调查、流动党员现状社会调查等。局限性在于抽样数目不足时会影响调查结果的准确性。

典型调查法

指在特定范围内选出具有代表性的特定对象进行调查研究，借以认识同类事物的发展变化规律及本质的一种方法。在调查样本太大时，可以采用此种方法。但必须注意对象的选择，要准确地选择对总体情况比较了解、有代表性的对象。如某地级市开展对区县市农村党员致富情况的调查，应选取经济发展较快、农村党员致富能力较强的县市作为典型调查对象。

统计调查法

通过分析固定统计报表的形式，把下边的情况反映上来的一种调查方法。由于统计报表的内容是比较固定的，因此适用于分析某项事物的发展轨迹和未来走势。如通过党员统计年报表，可以分析出某地全年党员的发展、转接、流动等情况，并能分析出比上年同期增减情况，还可对下一步趋势作出预测。运用统计调查法，特别应注意统计口径要统一，以统计部门的数字为准，报表分析和实际调查相结合，不能就报表进行单纯分析。如对某一个数据大幅度上升或下降的原因，报表中难以反映出来，只有通过实际调查才能形成完整概念。

文献调查法

通过对文献的搜集和摘取，以获得关于调查对象信息的方法。适用于研究调查对象在一段时期内的发展变化，研究角度往往是探寻一种趋势，或弄清一个演变过程。这种方法能突破时空的限制，进行大范围的调查，调查资料便于汇总整理和分析。同时，还具有资料可靠、用较小的人力物力收到较大效果等优点。但它往往是一种先行的调查方法，一般只能作为调查的先导，而不能作为调查结论的现实依据。

以上介绍的只是经常被采用的九种方法。事实上，在调查研究工作中，调查者经常不拘泥于某种特定方法，而是相互交错、灵活运用这些方法。

蹲点调研依然管用 [*]

张国玉

蹲点调研、"解剖麻雀"是过去常用的一种调研方式，在信息化时代依然管用。正确的决策部署离不开调查研究，有力的贯彻落实同样也离不开调查研究。无论信息技术如何发达都无法替代蹲点调研，蹲点调研依然是新时代做好领导工作的重要方法。

蹲点调研关键在"解剖麻雀"

工欲善其事，必先利其器。蹲点调研作为做好领导工作的一个基本方法，核心就是四个字：蹲、点、调、研。

"蹲"强调要放下身段，深入基层、深入实践、深入群众，蹲下来听民情、解民意。"蹲"下来不仅是下马观花的调研方法，也体现领导干部的谦虚好学以及对基层群众的尊重。"点"意味着要选择有代表性的典型去"蹲"，这样才能够通过了解一个点的情况，把握事物的整体特点。"调"是指蹲点下去要做调查，全面深入了解事物各方面的真实情况。"研"则强调只有调查还不够，还要对事物各部分之间的关系进行研究和思考，从而把握事物的本质和规律。

蹲点调研有一个很形象的说法，叫"解剖麻雀"。麻雀虽小，五脏俱全。通过"解剖麻雀"，能够以小见大，从对个体的感性认识开始，实现对整体的理性认识，在认识事物的具体性和特殊性

---

* 选自《中国纪检监察报》2021 年 10 月 12 日。

过程中把握普遍性和规律性，从而指导具体工作。

毛泽东喜欢用"解剖麻雀法"来研究问题，他指出"要从个别问题深入，深入解剖一个麻雀，了解一处地方或一个问题""往后调查别处地方或别个问题，你就容易找到门路"。在《寻乌调查》《长冈乡调查》《才溪乡调查》等著作中，都蕴含着"解剖麻雀"式的调查研究方法。正是在这些调查中，毛泽东洞察出领导中国革命的科学理论和正确道路。

蹲点调研通过深入研究具体典型，找出事物的特点、本质与规律。蹲点调研往往采取比较的方法，同时对几种典型进行调查、研究和比较分析，从而形成对事物整体的规律性认识。通过"解剖麻雀"，从每一个具体问题出发，得出一些相通性的结论，这样的结论和判断往往真实可靠。同时，通过"解剖麻雀"，不仅能够找出个性问题，还能够由此及彼、以点带面，找到共性问题。因此，"解剖麻雀"可以帮助领导干部从特殊性中掌握事物的普遍性，实现从感性认识到理性认识的转化。

蹲点调研是推动工作的重要方法

注重调查研究是马克思主义世界观的必然要求。马克思和恩格斯十分重视蹲点调研在实际工作中的运用。马克思拟定的关于各国工人阶级状况的统计调查提纲和《工人调查表》，每一条都像解剖麻雀似的非常具体细致，让世人直观了解到许多开展调查研究的方法。此外，马克思创作《资本论》的 40 年，都可以看作是他对资本主义社会进行调查研究的过程。从这部著作中，我们可以感受到马克思的思想和观点处于不断变化和发展中，这是因为他始终下沉到群众之中，根据事物发展变化而不断思考。

与马克思一样，恩格斯在居留英国期间，也在纺织工人和工人住宅区与工人"同吃同住同劳动"。他还结识了一批社会主义者和工人运动领袖，密切关注和支持英国工人运动的开展。1845

年，他通过细致的蹲点调研形成可靠材料，写成《英国工人阶级状况》。

中国共产党是以马克思主义为指导的政党，高举马克思主义伟大旗帜，学习运用马克思主义蹲点调研的方法开展工作自然是题中应有之义。

比如，到一个新的单位担任领导职务，如何尽快进入工作角色、了解熟悉整体情况？工作部署之后，基层落实的效果如何？解决这些问题，都离不开调查研究，特别是蹲点调研。一位领导干部在蹲点调研 3 天后说，与基层群众朝夕相处，由衷感觉心里踏实了，更加增添了信心和力量。领导干部要想在群众面前心里踏实，说话做事有底气，必须自觉主动地深入基层、深入群众，通过蹲点调研的方法广泛深入"接地气"。

做好领导工作，要情况明、方法对、决心大。情况明、方法对应该主要从领导干部亲自听、亲自看、亲自问中获得。蹲点调研能够使得决策部署真正建立在实事求是的基础上，根据自己的所见所闻，再通过分析、比较和思考，形成对事物情况和性质的准确判断。没有踏踏实实的蹲点调研，只依赖别人的二手信息，很难做到真正的实事求是，作出的决策未必符合实际。

蹲点调研重在选准典型比较分析

蹲点调研要掌握基本规律、基本要求、基本方法。抓住了这几点，对今天我们开展蹲点调研同样有借鉴意义。

比如，开展蹲点之前，要做好准备工作，最重要的是做好选题工作。从大的方面看，有经济、政治、社会、环境、外交、军事等方面，每个方面又有分支。选题时，一定要坚持问题导向，弄清工作存在什么问题，哪个问题需要着重加以研究解决，要重点围绕这个问题设计选题，切忌面面俱到。

选题确定后，就要设计调研方案，做到心中有数。方案一般应包括调研目的、对象、内容、方式、时间等。调研方式上，可选择问卷法、访谈法、观察法、资料法等。

具体来说，蹲点调研应遵循以下基本程序。

明确目的，编制计划。这是搞好调研的基础和保障。调研计划的内容一般包括调研目的、对象、步骤、项目和方法等。

收集资料，初步分析。在开始调研前，领导干部应围绕调研目的，多渠道搜集有关资料，以熟悉和掌握调研对象的基本情况，并通过初步分析，确定开展调研的重点和主题。

做好准备，实地调查。根据不同的调查方法，采取不同的准备工作。比如采用访谈方法就要有访谈提纲或访谈表格，以便有针对性地全面了解和掌握情况。现代信息化手段发展迅速，调研也可以运用媒体、网络、问卷等间接手段进行，但这只是辅助。对于领导干部来说，实地调研是主要方式，要走出机关门、走进百姓家，向人民群众学习，获取规律性认识。

汇总资料，分析研究。在拥有大量资料的基础上，以一定的理论或思想为指导，进行认真的汇总分析，去粗取精、去伪存真。

形成报告，得出结论。没有调研报告的产生，就无法体现调研的目的，无法反映调研的结果，也不可能发挥调研报告所具有的指导作用。

调研要取得高质量效果，还要注意增强蹲点的针对性。越是奔着问题去，问题越聚焦，调研就越深入。比如，要总结推广一个典型，就要考虑典型的普遍价值，即哪些是别人可以学而且学得会的。还要对方针政策的适用性、方针政策在现有条件下能否得到落实、落实后有什么效果等问题进行针对性调研。

总之，蹲点的目的性越强、针对性越强，调查研究的效果就越好、质量就越高。

蹲点调研既要务虚又要务实

习近平总书记强调:"当县委书记一定要跑遍所有的村,当地(市)委书记一定要跑遍所有的乡镇,当省委书记一定要跑遍所有的县市区。"这就要求地方各级领导干部要沉到基层,吃透下情,对所管辖范围的情况有一个客观真实的了解。

蹲点调研是一种信号,基层干部群众能够直接看到领导干部亲民爱民、与群众打成一片的好作风,感受到领导干部解决实际问题的决心,从而拉近干群的情感距离和心理距离,使得群众更容易说真话,而不是只是说客气话或者见外话。一位干部在"蹲点札记"上说:"集体经济靠什么?把村里情况问了个底朝天。这些天踏看田间地头,夜访农户,一天下来收获多多。过去老讲解剖麻雀,在信息化时代依然是管用的。真正蹲下来,把点上情况搞明白,指导工作才有底气!"基层风景多,需要解决的具体问题也多,走马观花啥也看不出来。沉下去,带着对群众的感情,身临其境感受群众所思所盼,才能做点事情。

在某地进行的一次蹲点调研中,工作人员发现一户贫困夫妻都有严重的腿疾,唯一的儿子智力也有问题,生活不能自理。在聊天中,他们谈及自己想去看病,可之前没参加新农合,家里又没钱,不敢去医院。调研组成员经过反复核实确定,按照当年的新政策,所有贫困户均可免费参加新农合。当工作人员通过手机调出他们一家的新农合医保档案,并告诉他们去医院看病可以按规定给报销时,他们笑得合不拢嘴。这也说明蹲点调研解决具体问题,领导干部就能更好地取信于民。

党的十八大以来,一些地方开展作风整顿,不少干部驻村蹲点后感慨地说:"在老家拉家常与在办公室接待群众来访不一样,睡在农家硬板床上考虑问题与坐在办公室沙发上考虑问题不一样,能够发现平时在办公室看不到、听不到的问题,学到在办公室学不到的新思想、新话语，拿出在办公室想不到的新思路、新举措。"群众的思想最鲜活、语言最生动。深入群众，我们的文件、讲话、文章就可以有的放矢，让群众愿意看、看得懂，愿意听、听得进。

蹲点调研，也要注重总结典型经验。可以从先进典型中总结经验，也可以从落后典型中解析问题，还可以从中间典型中了解一般动态。检验领导干部蹲点调研的成效，一方面要善于总结取得成效的经验典型，供其他地方参考；另一方面要敢于叫停不符合政策的行动和方案，并及时调整和完善决策部署。对经过充分研究、比较成熟的调研成果，及时转化为推动工作的具体措施。

［作者为中共中央党校（国家行政学院）党的建设教研部教授］

用好"交换、比较、反复"的思想方法 [*]

祝贺

陈云同志在《怎样才能少犯错误》《加强商业工作的政治观点、群众观点和生产观点》《关于当前经济问题的五点意见》《不唯上、不唯书、只唯实,交换、比较、反复》四篇文章中逐项解释了"交换、比较、反复"的深刻涵义。在《怎样使我们的认识更正确些》中也是三个方面的讲解,但是把交换改为了全面。陈云同志晚年,"有关部门在编辑他的文选时,曾一度把其中的'只唯实'改为了'要唯实',把'交换'改为了'全面'。经过考虑,他还是改了回来,说那个改动并不符合他的原意。"在《身负重任和学习哲学》中,虽然没有三段式的讲解,但是基本要义仍是"交换、比较、反复"的哲学内涵。

陈云同志提出的"交换、比较、反复"是马克思主义哲学认识论的生动体现,贯穿始终的核心思想是实事求是,一以贯之的工作方法是调查研究。可以说是较为接地气的、操作性比较强的辩证法。从"交换、比较、反复"的论述中还可看出陈云同志谨慎、稳健的工作作风,这也贯穿了陈云同志 70 年的革命生涯。

---

* 节选自《世纪桥》2017 年第 11 期,题目为编者所加,原标题为《论陈云"交换、比较、反复"思想方法的现实意义》。

如何把交换、比较、反复的辩证法运用到
本职工作中以少犯错误

陈云同志的交换、比较、反复的辩证法主要是针对做决策。我们基层同志做工作既有做决策，也有抓落实，还有平时的常规工作，可以把交换、比较、反复的范围延伸一下，抓住主旨，灵活运用，少犯错误。

（一）做实调查研究是做好交换的重中之重

从基层干部的角度，做好调查研究应该是两个方面，一是做好对实际情况的调研，即弄清楚实事；二是做好对法律法规、规章制度和办事流程的调研，即按规矩行事。

干部到了新岗位，要和新部门的同志有一个充分交换意见的过程，虚心听取汇报，细致做好调研，把情况摸清吃透。不能想当然干工作，拍脑袋下指令，觉得自己是领导就都懂，这样既会影响工作，也会打击下面干部的积极性，还有可能造成自己的工作出了差错而无人纠正的局面。

要养成做决策、起文件、干事情先查阅法律法规、规章制度和办事流程的习惯，把规矩意识入脑入心。"没有规矩，不成方圆"，只有清楚了规矩，才能够明白哪些事可以做，哪些事不能做，才能明白能做的事情如何去做，只有按规矩办事，才能少犯错误甚至是不犯错误。

（二）充分沟通是做好交换的有效途径

机关工作上，保证充分的沟通，有效信息的传递，使方方面面的认识更加全面，是保证工作不出差错的关键因素之一，也就是陈云同志所说交换的一个重要方面。交换，就是要互相交换正反两面的意见，以求了解事物的全面情况。向领导请示是交换，跟同僚探讨是交换，向下级咨询也是交换。在工作中，往往是和同僚沟通没有负担，顾忌较少；和下属沟通也没有负担，但是有时会忽视下属的意见；和上级沟通，心理成本较大，有时候自己想请示汇报的事情没有说清楚，有些同志甚至是不敢请示领导，把工作影响了。因此，在工作中一定要交换到位，重点是克服自己主观的、心理的不利因素，多站在工作的角度思考问题。

（三）找准参照物是做好比较的先决条件

比较就是上下、左右进行比较，是为了更好地判断事物的性质。比如，中国人民大学推行公文流转无纸化工作，新公文处理模式的方案和原有的双轨制公文流转模式（纸质公文和电子公文系统同时流转，以纸质公文流转为主）相比是否能够提高效率，减轻工作负担，和兄弟高校现行的公文处理模式相比是领先、相当还是落后？经过比较，新的方案比原有模式既能提高效率也能减少工作量，在兄弟高校中处于中等略偏上的位置，最后就大胆推行，现在已取得扎实的成果。

做好比较的先决条件应是找准参照物。还以中国人民大学推行公文流转无纸化工作为例，左右比较时，有同志提出央企这方面工作搞得早也搞得好。经过研究后大家认为，央企的方案可以借鉴，但可比性不强，因为央企的摊子大，职工多，分支机构多，所以对于公文处理模式的要求也不一样，这种比较容易造成定位不准。目前我国的高校，分校区跨市的都属少数，所以还是要立足于兄弟高校内部比较。

（四）学会算细账是做好比较的最佳方法

遇到不好决策的问题，抓不住思考的着力点，选择性困难，最好的办法就是学会算细账。对越自卫反击战决策期间，有同志担心苏联可能会趁机入侵，陈云同志经过仔细评估后认为，苏联在中苏边境的部队严重不足，进攻中国一定要从欧洲调兵，这个时间需要一个月。"陈云同志的结论是，如果作战时间短，苏联插手的机会极少。"这次算"细账"有力支持了邓小平同志打一场"速决战"的决定。对越自卫反击战最后一共打了 29 天。

我们比较几个方案的优劣时，首先要找准评断指标，然后要把指标细化，最好是数据化。比如评价公文处理效率的指标，评判为某单位处理的快，一两天就处理好了，必然不如细化为某单位处理一件公文的平均时间。有的同志由于抓不到思考的着力点，比来比去，犹豫不定，最后把时间耽误了，或者把自己绕糊涂了，选择了非最佳方案。

（五）找准错误原因是做好反复的有力保障

反复，就是决定问题不要太匆忙，要留一个反复考虑的时间；并且在实践过程中，还要继续修正。人们对事物的认识，往往不是一次就能完成的，要在实践中总结、修正、提高，以使我们正在进行的工作不断完善。一项新工作全面推开前先进行试点，一项规章制度不是太成熟时（试行）先执行，这就是一个反复的过程，这个过程关键是能够找到犯错误或需改进的原因。俗话说"治聋子治成了哑巴"，这就是总结经验没有找到症结，又走到了

另一条错误的道路上。

（六）论事不论脸是做好反复和交换的主观要素

在交换、反复的过程中，要能够积极听取反对意见或是不同意见，"如果没有不同的意见，也要假设一个对立面"。

这个过程能否成功关键是如何正确认识面子问题。如果一时爱面子，出了问题找理由，用新错误掩盖旧错误，最后只能是丢了大面子。

面子问题的深层次根源是立场问题，如果是站在个人得失的立场，那面子就"值钱"了；如果是站在工作的角度，那面子就可"一笑而过"。立场问题除了陈云同志批评的"尽是为个人打算"，还可以包括个人情绪和个人好恶，有的时候认识上没有问题，只是讨厌某人，或者这个时期自己仕途不顺，情绪很差，最后就左右了某位同志的决策，造成了严重的后果。党史上，王明、张国焘的错误除了认识问题，立场问题也是一个主要原因。

"海纳百川，有容乃大；壁立千仞，无欲则刚"，限私欲，平心态，始终保持一颗公心，坚持实事求是的分析问题，总能从如何有利于开展工作的角度思考问题，论事不论脸，既能够让我们工作中少犯错误，也能够让我们的个人生活更加和谐。

（七）善于抓住主要矛盾是"交换、比较、反复"的主要目标

经过交换、比较、反复，详细的占有资料，加以科学的分析和综合的研究之后，要能够发现问题的主要矛盾，善于"牵牛鼻子"。抓住主要矛盾，事半功倍，抓不住主要矛盾，事倍功半。

从宏观的方面讲，路线政策确定以后，干部就是决定因素，

用什么样的干部，就有什么样的局面，所以干部人事工作是各级组织的主要矛盾之一。从具体的事例讲，高校"双一流"建设，尤其是哲学社会科学领域，关键是抓住"评判标准"这个主要矛盾，《统筹推进世界一流大学和一流学科建设实施办法（暂行）》就明确提出了"以中国特色学科评价为主要依据"。但是，一些大学和科研机构把主要矛盾误认为是西方所谓权威的大学排行榜，这些榜单本身是在欧美话语体系下进行排名，具有鲜明的意识形态倾向。如果一味追究国际发表和被引，那么广大马克思主义理论工作者该何去何从！

（作者为中国人民大学世纪明德物业管理有限公司副总经理）

如何杜绝"被调研""假调研"*

周人杰

调查研究，是我们党的重要传家宝，是做好各项工作的基本功。然而现实中一些领导干部不愿调研、不会调研、不善调研，只是按规定的路线走马观花、蜻蜓点水，看精心准备的样板，听照本宣科的汇报，搞"盆景式"调查、"花架子"研究，连现场交流都要念稿子，最终的报告也懒得自己动手。概而言之，就是调研的自主性太差。丧失主动权的"被调研""假调研"，影响了决策的科学性，还损害了领导机关、领导干部的形象。

真调研，决不能假手于人。1947 年刘伯承率部挺进大别山，前边淮河挡住去路，后面追兵即将赶到，搭架浮桥又来不及，去查看的参谋回来报告"大水滔滔，难以过河"。刘伯承当即批评他："应该看水深、流速、河底情况等，'大水滔滔'是什么概念？"他带了一名警卫员，找了一个小筏子下了河，手拿一根竹竿亲自试水深，又看见一位饲养员从上游拉牲口过了岸，当即判断可以过河，成功甩开了敌人。毛泽东同志讲，调查研究"没有放下臭架子、甘当小学生的精神，是一定不能做，也一定做不好的"。行军打仗要拿"竹竿"，搞建设、促改革更是如此。

越是群众意见多、工作做得差的地方，领导同志本人越是要"一竿子插到底"，扑下身子、沉到一线，亲自察看、亲身体验。

---

* 选自《人民日报》2017 年 11 月 27 日。

陈云同志讲，用百分之九十以上时间研究情况。20 世纪 50 年代初，一天他下班离开办公室后突然消失，同志们非常紧张，怕出什么意外，后来才知道他直接把车子开到前门大街，去了解市场。1977 年 6 月，新任安徽省委第一书记的万里同志，在合肥不见了踪影，原来是一部小车、三两个人，说走就走、随时可停，直接到村、入户，三四个月把大部分地区都跑遍了，后来安徽打响了农村改革第一炮。看不看没有准备的地方，搞不搞不打招呼、不作安排的随机性调研，效果完全不一样。

不同群众商量、关在房子里的决策，害死人；而同群众"假商量"、虚晃一枪的调研同样害人不浅。1958 年，邓小平同志到四川隆昌调研，见面就对当地同志摆摆手说："不必了，还是我问到哪里，你们就讲到哪里吧。"他非常清楚，别人的报告代替不了自己调查，别人的意见代替不了亲手计算。1964 年，周恩来同志到河北邯郸调研纺织女工福利待遇问题，看到大家拘谨不肯讲困难，便同两年前见过面的劳动模范李秀芹拉起家常，从婚姻谈到"菜篮子"、再到她的工资……人们渐渐不再拘束，倒出了不少实话。有一是一、有二是二，"作系统的、亲身出马的调查，而不是老爷式的调查"，我们才能发现许多办公室里看不到、听不到、想不到的新情况，察到实情、收到实效。

习近平总书记指出：调查研究是谋事之基、成事之道。大兴调查研究之风，把党的十九大精神落到实处，迫切需要各级领导干部尽力掌握调查研究的主动权，自觉抓住老百姓最盼、最急、最忧、最怨的问题，用行动消除距离，用脚步丈量民情，"身入"更要"心至"，时时刻刻握紧主动调研的"竹竿"，把存在的矛盾困难搞清、搞透，把我们的各项工作做实、做好。

（作者为人民日报社评论部高级编辑、处长）

让调查研究多些价值增量[*]

李浩燃

示范田里修水泥路，只为方便领导参观，以免弄脏皮鞋和裤子；设置规定路线、精选调研对象，让"迎研"程式化，运作如同旅行社。近日，随着媒体报道不断深入，有关调查研究的种种怪象被聚焦、解剖，引发网友热议。

调查研究是一项优良传统，堪称共产党人的"传家宝"。早在1930年5月，毛泽东同志就在《反对本本主义》一文中鲜明提出，"没有调查就没有发言权"。1988年，习近平在福建宁德任地委书记，到任3个月就走遍了9个县，后来又跑遍了全地区绝大部分乡镇，还走山路去了不通公路的偏远山区，这样的调查，生动体现了他所推崇的"吃别人嚼过的馍没味道"的求实作风。

作为一种常用的工作方法，调查研究有助于把握快速变动的实际，从根本上增强政策措施的科学性、针对性、实效性，也是践行群众路线的生动形式。安徽凤阳小岗村党委原第一书记沈浩，初到村子就跑遍了全村108户人家，驻村6年完成29本"民情日记"。正是这种扎实的调研，赢得了乡亲们的评价："他眼皮不往上翻，跟咱亲近。"

"不明察，不能烛私"。对调研意义与重要性的强调，怎样都不为过；开展调研，也往往成为推进具体工作的有力抓手。在现

---

* 《人民日报》2017 年 5 月 4 日。

实中，对于"要不要调研"，大家一般没有异议，但面对"究竟该怎样调研"，却时常莫衷一是。党的十八大以来，中央狠抓作风建设，调研的风气也为之一新。在一些地方，干部下基层天数是考核的刚性要求，领导干部深入街巷"微服私访"也已成常态。这种背景下，仍有一些调研徒有其表、劳民伤财，折腾一番却收效甚微，值得深思。

◇北京市人社局劳动关系处副处长王林，体验一天外卖骑士工作。

"踩点式"的走马观花、"盆景式"的只看不问、"报喜式"的探访政绩、"脱节式"的回避落实……细览调研中暴露的各类"虚浮症"，其中一个突出特点，就是参与者忘记了调查研究的初心，为了调研而调研。也正因此，有的调研虽然阵势大、战线长、投入多，表面上接了地气，其实是蜻蜓点水、浅尝辄止，虚情假意、循规蹈矩，最终还是难逃形式主义的窠臼。调查和研究，可谓调研的两个必要环节，不应有所偏废。如果只注重调查走访的"面子"，忽略了悉心研究的"里子"，结果只会不尽如人意。

头脑空洞，调研自然容易虚空。透视一些调研活动，表面上看或许是干部心态浮躁、认识不到位，追根溯源，则是问题意识欠缺、思考能力不足。带着问题调研，才可能针对现实，进而解决问题。试想，如果缺乏对贫困家庭的积极走访、悉心研究，精准扶贫怎么能够在动态中确保"一个也不能少"？如果没有对多个选址进行调研比对、反复论证，雄安新区规划建设怎么可能做到高起点、高标准？倘若只是"坐着小车转，隔着玻璃看，临走说声'好好干'，什么事也没办"，如此调研可谓毫无思想增量、价值增量。

离开深入调研，就难言科学决策。今天，随着改革日益进入深水区，触及的利益更趋复杂，面临的矛盾更加尖锐。当改革的四梁八柱业已搭建，尤需因地制宜，让务实的调研为改革加油助力，从而确保各项改革举措扎实落地，让群众有更多获得感。习近平总书记强调，"研究、思考、确定全面深化改革的思路和重大举措，刻舟求剑不行，闭门造车不行，异想天开更不行，必须进行全面深入的调查研究。"只有重视调查研究，坚持眼睛向下、脚步向下，才能了解基层群众所思、所想、所盼，使改革更接地气。而在改革中大力倡导务实调研的风气，构建重大决策失误责任追究机制，也可倒逼党员干部真正重视调研、提高调研能力。

毛泽东曾指出，"调查就像'十月怀胎'，解决问题就像'一朝分娩'。调查就是解决问题。"大兴调研之风、注重调研实效、求取价值增量，就能"察消长之往来，辨利害于疑似"，顺着改革发展的脉络解决种种难题。

（作者为人民日报社评论部要论编辑室副主编、主任编辑）

六、报告样本

到群众中去 拜人民为师——关于上海杨浦区推行"一线工作法"情况的调查[*]

中央组织部组织二局

为建立机关干部直接联系服务群众制度，推动基层组织建设年各项工作，2011 年底，我们会同上海市委组织部对杨浦区推行"一线工作法"情况作了专题调研，先后分类召开了市区组织部门和区"一线工作法"领导小组办公室、街镇领导、委办局领导、机关干部、社区干部、居民代表等专题座谈会；查阅了有关制度文件和台账资料；实地参加了有关社区居委会"一线工作法"联系群众工作日集中活动，走访慰问了困难党员家庭。在此基础上，形成了这个报告。

一、主要背景

杨浦区地处上海中心城区东北部，面积 60 多平方公里，常住人口 130 万，是中国近代工业和高等教育发祥地，区域内有高校 14 所，在校大学生、博士硕士生占全市的近一半。杨浦区实行"一线工作法"的背景：一是区域转型发展。从 2003 年上海市作出建设杨浦知识创新区的决定，到 2010 年被确定为首批国家级创

---

* 节选自《光明日报》2012 年 9 月 4 日。

新型试点城区，杨浦区经历了从"工业杨浦"向"知识杨浦"的历史嬗变，改革转型加剧了利益关系调整，加剧了高智力群体、普通劳动者"二元"结构态势，使得新老矛盾同时集聚，各阶层群众诉求相互交织，迫切需要上级党组织服务凝聚群众，增添发展"动力"。二是民生有待保障。杨浦作为老城区，经过多年改革发展，国有企业从1200家锐减到200家，产业工人从60万下降到6万，各类社会救助对象列全市中心城区第一，二级以下旧里和棚户区占全市1/4，旧改、就业、救助压力增大，基层积聚着大量民生问题，迫切需要上级党组织回应群众诉求，解难题保民生。三是干部需要"补课"。据统计，全区58.1%的处级干部和新进机关年轻干部没有基层经历，普遍感到"本领恐慌"，深入基层不够，对群众感情不深，不会做群众工作，迫切需要上级党组织引导干部到基层接受锻炼、提升能力，担当起发展重任，不负群众期望。

针对上述情况，杨浦区于2005年初推出"一线工作法"，大体经历了三个阶段：一是萌芽阶段。20世纪90年代，每年冬夏两季区级领导班子成员带领部门干部，集中深入到各街镇、居委会听取群众意见。二是创设阶段。2005年结合先进性教育探索推出"一线工作法"，组织领导干部、机关干部定时定点走访街镇和居委会，解难题、办实事，并建立长效化联系服务制度。三是发展阶段。近年来，特别是2010年以来，将组团式服务纳入"一线工作法"，实行各级各类党组织和党员干部普遍走访、联系服务，形成全天候、全方位、全领域、全覆盖格局。

二、做法特点

杨浦区"一线工作法"可概括为"四个一线"，即知民情，情况在一线了解；解民忧，问题在一线解决；聚民智，工作在一线推动；听民意，干部在一线考评。

1. 畅通"六条渠道"，在一线了解民情

一是局处干部联系街居。全区 24 名局级干部定点联系 12 个街镇，每月开展一次下访，听取一次街镇工作汇报，进行一次民情分析。300 多名处级干部，每人带领 1—2 名机关干部作为联络员，每月第二周周四到定点联系的居委会，面对面服务群众。二是机关事业党支部联系基层党支部。组织机关、国有企事业单位党支部与 858 个社区、"两新"组织党支部结对共建。三是党员干部联系困难家庭。5000 多名党员干部与 8842 户困难家庭结对帮扶、助困助学。四是基层党组织和党员组团式联系服务群众。将 300 多个居民区划分为 2088 个责任网格，组织居委会、业委会、物业公司、区域单位和民警、医生、机关党团员等共计 2.3 万人参加，组建 2105 个服务团队，上门走访服务居民，目前已走访 40 多万户，占 83%。五是党代表定时接待群众。每月 15 日组织 330 多名市区党代表，轮流到街镇党员服务中心接待群众，每年两次集中到社区接待群众。六是网络即时互动。开通"书记·百姓网上通""区长在线"，区委领导每季度一次、区政府领导每月一次，在网上与干部群众互动交流，同时建立基层党组织书记微博，听取意见。

2. 加强"四方联动"，在一线解决问题

一是领导干部现场解决。依托职能部门，通过现场办公等形式，解决问题 6000 多个。二是服务团队上门解决。结合网格走访、组团服务，解决群众诉求问题 10411 个。三是条块单位协同解决。对需跨部门解决的环境保护、综合治理、联合执法等问题，由有关区领导牵头组织相关部门，在街镇召开联席会"会诊"解决。四是区"一线办"统筹解决。重要复杂疑难问题，由区"一

线办"网络平台登记受理，统筹协调解决，或提交区委常委会、区政府常务会研究解决。

3. 建立"三项制度"，在一线推动工作

一是民情分析制度。各街镇每季度梳理一次社情民意，各职能部门每半年汇总分析一次问题受理情况，作为完善决策、改进工作的参考和依据。二是综合研判制度。区"一线办"综合研判涉及面上的问题，督促有关部门建立长效机制解决。如针对动迁群众反映的早拆少得益、晚拆多得益的不正常现象，推动有关部门率先在全市实行拆迁补偿、评估、房源和使用等情况"六公开"的"阳光动迁"机制，改变不合理做法，加快了动迁进程。三是责任追究制度。对正常情况下应予解决而未解决的问题，严格追究部门责任。如对群众反映的下水道阴井盖损坏但久拖不决问题，召开全区大会通报警示，督促转变作风、提高效能。

4. 坚持"双管齐下"，在一线考核干部

一是抓目标考核。年初组织制定干部联系服务群众工作目标书，承诺要办的实事；每季度制定下发工作指导性意见；每月部署联系服务"规定动作"，要求结合自身及群众实际安排特色活动和"自选动作"，落实情况记入干部"民情日记"，定期督查考核。二是抓群众测评。年底委托社会第三方以明查暗访、随机抽样、问卷调查等方式，对领导干部和街镇、部门工作进行群众满意度测评，建立与日常考核、年终述职、绩效考核相结合的综合考评体系。

从调研了解的情况看，我们感到，杨浦区"一线工作法"有四个鲜明特点：一是联系群众的直接性。推动党员干部下基层，直接与群众面对面，直接了解情况，直接服务群众。居民群众说，"干部就在身边，随时都能找到"。二是解决问题的快捷性。现场解答，当场拍板，就地解决，避免推来绕去。以前有的群众抱怨，

"我们跑来跑去，部门转来转去，开会议来议去，结果是问题哪里来哪里去"，现在这种现象已杜绝。三是为民服务的全员性。以党组织为核心、机关干部为主体，发动街道社区范围内条块单位、各类组织和在职党团员等，全员联系、全员服务、全员推动。四是工作内容的拓展性。做到了"五个拓展"，即由党员干部服务群众向群众自我管理、自我服务拓展；由联系服务居委会向联系服务驻社区机关、企业、部队、院所等单位拓展；由调动区属资源向整合区域资源、社会资源拓展；由单纯注重快速解决问题向全方位、高效能服务拓展；由推动干部知民情、解民忧向育干部、促工作拓展。

三、社会反响

杨浦区"一线工作法"荣获第一届全国基层党建创新最佳案例奖和上海市有关奖项，我部和中宣部等均通过不同形式宣传推介。从各方反映看，"一线工作法"促进了改革发展稳定，取得了社会广泛认同的效果。

社区居民反映："一线工作法"是"民情直通车"，帮助解决了急难愁问题，拉近了干群之间的距离。"一线工作法"发挥了民情"窗口"、互动平台作用，是设在居民家门口的社情民意站、投诉咨询处和困难帮扶点。不少社区居民反映，实施"一线工作法"后，意见好提了，急事愁事有人管了。有的居民说，通过"一线工作法"，反映问题的渠道直接、畅通，解决得好，完成率高，百姓受益。有的居民谈到，干部把大家的事当自己的事，最想办的给办了，最需要解决的给解决了，"一线工作法"确实为群众办事，与百姓贴心，是一个好办法。据统计，"一线工作法"实施七年，直接解决群众反映的各类问题2万多件；区千人问卷调查显示，96.7% 的居民认为有效解决了老百姓急难愁问题，群众满意率90% 以上。

居委会反映："一线工作法"是"工作助推器"，增强了基层干部底气，提升了基层组织威信。"一线工作法"引导干部不仅帮助群众解决问题，还指导居委会开展工作，以"公转"带"自转"，起到了"输血"加"造血"作用。一些居委会的同志讲，这些干部来自不同单位，工作经验丰富，使我们开阔了眼界，学到了不少新知识、好方法。上海财大居民区的同志讲，以前做工作常常感到心有余力不足，现在领导下来当居委会的"编外干部"，一起定计划、搞活动，"帮手"多了，工作活了。大家谈到，许多领导干部积极牵线搭桥，组织居委会与周边单位结对共建，调动外部力量为居民群众服务，搭建了很大的工作平台，颇有点"呼风唤雨"的感觉，在群众中发声更响了。

领导干部反映："一线工作法"是"服务责任区"，强化了执政为民意识，使服务群众成为一种责任和习惯。五角场街道党工委负责同志说，"一线工作法"的联系范围，实际上就是干部的服务"地盘"，大家一年 365 天，天天开着手机，群众需要随时出现，社区有事及时处置。江浦路街道办事处负责同志认为，"一线工作法"引导干部到基层服务，为群众尽责，多年下来，这种意识和理念已经入心入脑，变成了干部的日常行为习惯。有的干部讲，不只是集中活动日，就是平常甚至节假日，也经常去"点"上转一转、看一看，力所能及帮助群众办事。一些区直部门领导干部说，对群众反映的问题，我们不一定能百分之百解决，但一定会尽百分之百的努力。区建设交通党工委负责同志讲，服务不是空话，必须要既"见物"又"见人"，多替群众考虑，这些年在规划选址、道路施工等工作中没发生一起事故，无一人上访，靠的就是这一条。一些干部群众说，带着责任，多接触实际，想当然的事就少；多接触群众，官气就少；多接触民情，浮夸就少。

年轻干部反映："一线工作法"是"培训主阵地"，加强了实践锻炼，提高了实际工作能力。在"一线工作法"中，年轻干部是领导干部的联络员，协同配合开展工作，这种"导师带徒"、言传身教的方式，使那些缺乏基层经历的同志学有目标、干有方向，很快掌握了工作技巧和"实战"方法。长白新村街道办事处的同志谈到，"一线工作法"是展示综合能力的舞台，原来有的干部连居民家的门都敲不开，现在好了，能与群众走在一起、聊在一起、干在一起了。许多年轻干部反映，到基层实践锻炼后，沟通、辨别、协调和执行能力大大提高，会说群众听得懂、能接受的话了。有的同志讲，最大的收获是与群众建立了像亲戚朋友一样的感情。区千人问卷调查显示，97.8% 的受访者认为，"一线工作法"增强了年轻干部联系群众和为民办事能力。

政府部门反映："一线工作法"是"工作试验田"，完善了政策措施，提高了工作质量。许多政府部门负责同志讲，所联系的街居实际上是了解部门工作在基层落实情况的检验点，也是制定新政策、推开新工作的试验田。区委政法委负责同志说，在完成上级任务的同时，依托"一线工作法"发动群防群治、开展禁毒宣传效果很好，被评为公安系统先进。大家认为，通过"一线工作法"完善政策的过程，既是改进工作的过程，也是教育引导群众的过程，这实际上是一回事。区信访办的同志说，通过基层反馈情况"查漏补缺"，把工作做在前面，群众对上反映问题自然就少，现在全区信访问题和信访量每年下降 6 至 10 个百分点，2010年下降 21%，2011 年信访件次下降 27.4%、人次下降 13%。有关部门结合"一线工作法"，推出"满意物业""达标市容""名师课堂""健康快车进社区"等几十项惠民政策，受到了群众欢迎。

四、经验启示

杨浦区七年如一日实施"一线工作法"不容易，更为可贵的是，他们适应形势发展，不断在内容形式、方法机制上创新完善，使群众工作焕发出旺盛生机和活力。这对于建立机关干部直接联系服务群众制度，落实基层组织建设年工作，具有重要启示。

1. 必须立足于直接联系

"一线工作法"有效解决了机关干部脱离基层、脱离群众、脱离实际的问题。实践证明，联系群众是党员干部的基本功，不能以服务代替直接联系。目前，有的干部连群众的门都敲不开，不会与群众平等交流，说的话群众听不懂，干的事群众不理解，这是不正常的。同时，我们真切感到，联系群众贵在直接、重在经常，必须像"一线工作法"那样，"一竿子插到底"，定时、定点、定人、定目标，人对人、面对面、手拉手，了解群众的真实想法。座谈时有的同志讲，要人到、心到、感情到，像"鱼儿"生活在"水"中，从"水"中汲取营养，学会翻腾的本领，很有道理。

2. 必须聚焦于解决问题

"一线工作法"要旨是为民服务，核心是解决问题。通过十万余次走访，万余场宣讲报告，万余件难事实事，让百万群众受益受鼓舞。实践证明，与群众打交道，解决问题是立身之本，最有说服力；解决不了问题，方法不是好方法，干部不是好干部，"包装"得再好也没用。我们推动干部直接联系服务群众，加强基层基础，不是讲空话而是办实事，一定要以解决问题为导向，把基层组织难题和"柴米油盐酱醋茶"等群众最关心最直接最现实的利益问题，作为各级干部的"头等大事"，明确责任、时限和考评标准，竭尽全力办好，这样才能增强感染力和影响力，关键时候"镇得住台"。

3. 必须依托于组织整合

当前，社会阶层分化，利益格局复杂，群众诉求多样，单靠某一方面力量，不能"包打天下"。杨浦区以街道社区党组织为核心，以区域化党建为平台，引导所有单位党员干部、经济社会组织、社会工作者和志愿者直接服务群众，广泛发动群众、服务群众。比如，在动迁工作中，除街道社区正常工作力量外，组织律师、调解能手、法律顾问等"明白人"进社区，使民意上达、满意拆迁成为常态。借鉴这些做法，要实施系统动员、条块联手、全员整合，把基层组织建设成为为群众谋利益的战斗堡垒，让党员干部在直接服务群众中体现先进性，构建组织引领、干部带头、各方参与、社会协同的格局。

4. 必须着眼于历练干部

杨浦区通过"导师带徒"的办法，引导干部到基层实践中砥砺作风，积累经验，增长才干。实践证明，大楼里培养不出与群众的真感情，学不到实打实的群众法子，自觉自发地走进基层，真心实意地服务群众，才能入耳入脑、入心入行，转化为思想行为、价值追求和实际能力。我们要牢固树立在基层积累实际经验的导向，引导机关干部到基层实践中开眼界、学见识、长本事，争做深入基层的带头实践者、服务群众的坚定执行者和群众利益的自觉维护者，为我们党长期执政奠定坚实的群众基础。

山区转变发展方式的"美丽样本"——丽水市推进养生产业、实现"绿色崛起"的调研报告 [*]

浙江省社科院课题组

党的十八大报告把生态文明建设纳入中国特色社会主义"五位一体"的总体布局,提出要建设"美丽中国",为山区有效解决"转变经济发展方式,促进又好又快发展"这一时代命题开启了新的思路。作为"九山半水半分田"的山区,丽水市抓住省委、省政府支持浙西南山区加快发展的重大机遇,发挥优势,积极探索,走出了一条生产发展、生活富裕、生态良好、生机蓬勃的山区绿色崛起新路子。他们对养生旅游休闲产业发展的探索和实践,为山区转变发展方式提供了"美丽样本"。

一、丽水发展的制约因素和比较优势

从我国的实际出发,按照科学发展观要求,实现区域经济又好又快发展,就要准确把握区域要素的特点,充分发挥区域经济发展过程中的比较优势。丽水市对自身经济发展的环境与条件有着清醒的判断和认识:

与东部沿海发达地区相比,丽水经济发展面临四个主要的制

---

[*] 选自《浙江日报》2014年1月3日。

约因素：一是交通设施和交通运行水平相对较低；二是可开发用地较少，88.42%为山地，紧缺的耕地资源无法满足规模化农业生产与现代工业产业集聚区的形成，更不利于日益扩张的城市化建设；三是建设资金缺乏；四是经济基础薄弱。显然，山区必须开辟一条不同于一般工业化的发展道路，以实现跨越式发展。

与省内平原地区相比，丽水山区虽然不具备一般工业发展的优势，却拥有独特的生态资源。全国生态环境质量评价研究报告显示，丽水市9县（市、区）生态环境质量均为优秀，全部进入全国前50位，其中4个县市列前10位。丽水森林覆盖率达到80.8%，植物资源占全省约66%，是"浙江绿谷"和"浙南林海"；又是拥有瓯江、钱塘江、飞云江、灵江、闽江、交溪等源头水系，跨行政区域河流交接断面水质达标率为100%的"六江之源"；还是农村山地空气环境质量达到国家一级标准、城镇区域空气环境质量普遍优于国家二级标准的"华东氧吧"。好山、好水、好空气，为其赢得了"中国生态第一市"的美誉。利用好这一比较优势，就有可能开辟出符合山区实际、实现跨越发展的独特路径。

二、养生旅游休闲产业对于山区实现
"绿色崛起"的重要意义

养生旅游休闲是一种生活方式。进入21世纪，生态旅游、养生休闲成为时尚，旅游与休闲产业蓬勃发展，尤其是建立在山水生态环境基础上的养生旅游休闲正成为国际旅游经济发展的新潮流。正是在这样的背景下，丽水将独特的生态资源优势、人文资源优势和当今世界生态消费和养生旅游休闲经济蓬勃兴起的潮流结合起来，提出了"绿色崛起"的战略总要求，即以保护生态环境和发挥生态优势为基础，以优化养生环境、发展养生经济、弘扬养生文化为重点，以生态休闲旅游景区、休闲养生（养老）基地和养生乡村建设为载体，形成"食养""药养""水养""体养""文养"五大养生品牌，努力把丽水建设成为特色鲜明、国内外知名的现代化休闲养生城市和养生福地。这是符合当今世界生态经济发展潮流的，也是山区扬长避短走向现代化的必由之路。其重要意义表现在：

发展养生旅游休闲产业是优化山区产业结构、加快发展现代服务业的必然选择。优化山区产业结构，一个重要举措就是要加快发展服务经济，并逐步转移到以服务业为主导的产业结构上来。养生产业是代表旅游经济未来发展方向的新型业态，是服务业中的重要产业，是转型升级的先行产业、创业创新的先导产业、生态文明的示范产业。

发展养生旅游休闲产业，既是科学开发、利用、保护资源的有效途径，又是统筹城乡发展、促进城乡一体化的主要抓手，也是提升人民生活品质、促进身心健康的重要载体，更是山区加快发展方式转变、实现"绿色崛起"的客观要求。丽水把建设"秀山丽水、养生福地"，发展养生产业作为经济发展的重大战略，对于加快山区发展方式转变、促进创业富民都具有重要意义。

三、实现养生旅游休闲产业发展战略需重点突破的关键环节

发展生态休闲养生经济，涉及面广、综合性强，必须坚持规划先行，做好科学规划、规范实施，发挥规划在建设中的引领和指导作用。同时，致力于对外塑造鲜明的"秀山丽水、养生福地"形象，加大推广力度打响品牌，提升总体影响力和吸引力，增强市场竞争力。结合丽水自身发展现状及存在的短板，当前应在以

下两个关键环节实现重点突破。

（一）夯实基础，提升品质

一是强化基础设施建设，突破交通瓶颈。要对接日益增长的养生市场，满足养生产业的开发建设需求，丽水必须加大交通基础设施建设力度。第一，必须加快建设民航机场，以改善区域交通条件，大大缩小丽水与外界沟通的时间成本，拓展养生产业辐射半径。第二，加快铁路、高速公路建设，全面纳入全省两小时交通圈。同时，应加强"养生福地"点对点交通道路建设，包括县市之间、县市与养生产业节点之间、各个养生产业节点之间的道路建设。第三，加速交通设施配套建设，使交通方式变成观赏工具、养生工具、体验工具、娱乐工具。

二是提升城市功能，打造"城市养生"。丽水城市建设应更加重视绿色、低碳，城市环境应更加优美、安逸，城市形象应充满轻松、自在的气息，城市设施应更多地服务于养生产业，城市功能应更趋于养生化。根据这一理念，可考虑增加城市的健身设施和运动场所。要提升城市环境景观，开发更多的市民公园，重点开发滨水生态公园；开辟城市步行休闲商街，开发养生餐饮娱乐街区，丰富夜间休闲养生生活，打造慢生活城市。只有将城市养生与乡村自然生态养生有机结合，才能全面建成"秀山丽水、养生福地"。

三是加强信息网络建设，推进"智慧养生"。按照适度超前、配套协调、高效可靠的要求，加强丽水城乡及山林养生区域的信息网络建设。依托云计算平台、高速互联通信技术、物联网、地理信息系统、虚拟现实等支撑技术，发展"智慧养生"。还可以开发和发展"智慧养生"装备制造业，提高养生产业的科技含量、信息含量，以及互动体验。

（二）创新政策，大力推进

一是土地政策。政府应研究出台符合养生产业发展规律的倾斜性的土地政策，确保养生产业发展用地。可以探索宅基地及住宅用于养生产业的政策，包括出租、转让和置换，农户可按一定比例用旧宅基地置换新宅基地，多余部分宅基地可以入股、流转形式用于养生产业发展。充分利用城乡建设用地增减挂钩政策，将腾出的建设用地指标，以及政府收回的闲置土地等重点用于养生乡村基础设施、城镇养生服务业及特色产业项目等。

二是物业政策。丽水拥有宜居的环境，但缺乏足够的、较好的养生居住物业，不利于吸引大量的和高端的养生群体，也难以满足未来不断增长的养生需求。要先行先试，用好用活现有房地产政策，根据养生产业的特点，探索利用低丘缓坡开发低密度养生产业综合体，包括养生别墅、度假排屋、休闲酒店、运动基地、娱乐场所、疗养中心、创意工坊、购物中心等。

三是税收政策。在养生产业发展的培育期，应研究制订有针对性的引导社会资本投入开发养生产业的税收优惠政策，重点减免开发养生休闲产业、文创产业的企业以及农民投资养生产业的税收，对投资养生综合体、高星级旅游酒店，以及与养生相关的新兴型、科技型、环保型重大项目，采取倾斜性税收优惠政策。

四是配套政策。除加大财政扶持力度外，还应建立财政投入稳定增长机制，设立养生产业发展专项基金，重点用于发展养生产业的基础设施、公共服务平台建设；加大养生产业招商引资优惠政策力度；研究制定建设"秀山丽水、养生福地"的惠民配套政策。出台大力吸引养生客源的政策措施。

（执笔人徐友龙为浙江省社会科学院政治学研究所所长）

七、红色遗址

毛泽东寻乌调查纪念馆
（寻乌县革命历史纪念馆）

毛泽东寻乌调查纪念馆

　　寻乌县革命历史纪念馆位于寻乌县城马蹄岗，成立于1968年，始建名为"寻乌县革命委员会宣传毛主席在寻乌革命活动委员会办公室"（简称"宣办"），同年11月正式对外开放。1974年更名为寻乌县革命历史纪念馆。2003年8月，中央军委原副主席张震上将题写了"毛泽东寻乌调查纪念馆"馆名。2004年8月被江西省委宣传部公布为江西省爱国主义教育基地；2015年3月被中宣部命名为全国爱国主义教育示范基地；2015年6月被中共江西省委统战部命名为江西省同心教育基地；2015年11月被中国井冈山干部学院列为现场教学点。该馆同时还是赣州市党政干部教育基地、赣州市团员干部锻炼党性教育基地。

　　馆区占地面积约8000平方米，建筑面积3638平方米。其中陈展面积约1500平方米，有"寻乌调查旧址陈列""寻乌调查专题陈列""红军医院陈列""罗塘谈判陈列"四个基本陈列。馆内有全国重点文物保护单位寻乌调查旧址（含红军医院旧址、红四军大队以上干部会议旧址）。馆藏文物共有665件，其中一级文物2件，二级文物10件，三级文物78件，一般文物575件。自2008年4月起实行免费开放以来，目前年接待参观人数已突破15万人次，其中未成年观众超过4万人次。

　　近年来，该馆在切实做好博物馆免费开放和文物保护工作的同时，着力加大了历史、红色文化史料的征集、整理和研究力度，先后编辑印刷了《毛泽东寻乌调查史料选编》《圳下战斗史料选编》《〈寻乌调查〉、〈反对本本主义〉文献汇编》《寻乌文史资料第七辑——回忆寻乌苏区》《寻乌文物古迹集萃》等专业书籍。

　　寻乌调查是毛泽东在中央苏区时期所作的一次规模最大、内容最丰富、材料最翔实、文字最生动的社会调查。通过寻乌调查，毛泽东写下了《寻乌调查》和《反对本本主义》两篇光辉著作，首次提出了"没有调查，没有发言权"的著名论断，提出了"中国革命斗争的胜利要靠中国同志了解中国情况""共产党员要从斗争中创造新局面"的思想路线，初步形成了毛泽东思想活的灵魂的三个基本点，即实事求是、群众路线和独立自主，对于党的实事求是思想路线和群众路线的形成和发展，具有重要的意义，寻乌也由此成为党的实事求是思想路线和群众路线的发祥地之一。2011年11月，习近平同志在中央党校秋季学期开学典礼上的讲话中强调指出：毛泽东同志1930年在寻乌县调查时的这种深入、唯实的作风值得我们学习。

◇毛泽东寻乌调查纪念馆

长冈乡调查纪念馆

兴国县史志研究室

长冈乡调查纪念馆位于兴国县长冈乡长冈村，距县城约 4 公里，旧址座东朝西，砖木结构，悬山屋顶，四周砌有红石围墙。

为纪念毛泽东作长冈乡调查，学习和传承毛泽东深入实际、调查研究的优良作风，经中共中央宣传部批准，1976 年，兴国县在长冈乡调查旧址 100 米处兴建毛泽东作长冈乡调查纪念馆，1977 年竣工正式对外开放。2008 年重修与重新布展。2014 年更名为长冈乡调查纪念馆。

兴国县长冈乡是苏区乡苏维埃政府工作的模范乡。1933 年 11 月，毛泽东率中央政府调查团到长冈乡调查后，整理出著名的《长冈乡调查》一文，并在 1934 年 1 月的第二次全苏大会上发出了在全国创造"几千个长冈乡"的号召。

毛泽东作长冈乡调查纪念馆，以毛泽东作长冈乡调查的主要史迹为陈列内容，占地 7028 平方米，有 4 个展厅，门厅是毛泽东作长冈乡调查的大型雕塑，各个展厅陈列有苏区时期的大量照片和实物。

纪念馆附近保存有苏区时期列宁小学旧址，系土木结构的二层楼房，一楼为列宁小学教室，二楼为临时中央政府检查团驻地。

该馆依次于 1987 年 12 月被江西省人民政府公布为文物保护单位，1995 年 4 月被兴国县委、县人民政府命名为爱国主义教育示范基地，1999 年 2 月被兴国县人民政府列为县级文物保护单位，

2006 年 5 月被国务院公布为第六批全国重点文物保护单位。

◇长冈乡调查纪念馆

毛泽东才溪乡调查纪念馆

中共上杭县委党史和地方志研究室　毛泽东才溪乡调查纪念馆

毛泽东才溪乡调查纪念馆，坐落在素有"模范之乡""将军之乡""建筑之乡"美誉的国家4A级旅游景区上杭县才溪镇。土地革命战争时期，毛泽东曾十到上杭，三进才溪，写下了彪炳史册的《才溪乡调查》。才溪乡调查是毛泽东一次著名的农村调查，是中国共产党人走群众路线、深入实际、调查研究、实事求是的光辉典范。毛泽东才溪乡调查纪念馆前身为才溪革命纪念馆，为生动展现毛泽东等老一辈无产阶级革命家在才溪的重要革命实践活动，于1959年成立专题纪念馆。2009年10月，为提升毛泽东才溪乡调查纪念馆展陈效果，提高游客接待能力，打造国家级博物馆，在毛泽东才溪乡调查旧址南面扩建新馆。2013年，为深入挖掘毛泽东才溪乡调查精神的实质和内涵，再次实施了基本陈列改版提升项目。

目前，纪念馆总占地面积28950平方米，其中，新馆占地面积为10200平方米，旧址占地面积为18750平方米，管理了国家重点文物保护单位毛泽东才溪乡调查旧址群（含才溪区苏维埃政府旧址、才溪区工会、光荣亭、列宁台）、县级文物保护单位——庄背庙。新馆一楼为毛泽东才溪乡调查专题馆，全面深刻地反映了毛泽东三到才溪开展调查研究的伟大革命实践活动。新馆二楼建设有才溪"九军十八师"、才溪英烈等专题陈列，展示了才溪"九军十八师"等革命前辈金戈铁马、叱咤风云的光辉历史，展现了才溪人民创建中央苏区模范区的光荣史实，为革命胜利作出的巨大牺牲和重大贡献。2020年，在才溪乡调查旧址内建设"模范才溪女，杭川巾帼魂"——才溪女专题陈列馆，突出展现了才溪妇女在党组织的号召下冲破各种束缚，积极投身各项政治运动，表现出不畏艰难、全力支持革命和建设的"才溪女"精神。2021年建设才溪乡调查统计研习馆，将成为全国统计系统党性教育教学实践点。

纪念馆现为国家二级博物馆，是全国爱国主义教育基地、全国红色旅游经典景区、福建省党史教育基地、福建省社会科学普及基地、福建省廉政教育基地、福建省革命传统教育基地、福建省关心下一代传承红色基因教育基地、苏区红色统计史学习基地。纪念馆成立以来，先后接待多名党和国家领导人，还接待了近百批外国党政代表团来馆参观学习，对外知名度和影响力不断扩大。现每年到馆参观人数达100万人次以上。

◇毛泽东才溪乡调查纪念馆